協商總在晚餐後

賴幸媛與王毅的祕密管道

施威全・著

推薦語

兩岸關係關鍵性的時刻！關鍵性的轉折！關鍵性的人事！關鍵性的管道！由關鍵性人物分析。

本書針對兩岸關係由二〇〇八年前形勢嚴峻到和緩，ECFA簽署到太陽花反服貿關鍵性轉折的解讀。透過本書作者內幕的披露，理論與實務的契合與生動的筆鋒，讓讀者有著不同的視野，特予大力推薦。

——張五岳（淡江大學兩岸關係研究中心主任）

生硬的兩岸關係，在施威全先生的筆下生動而緊湊，彷彿置身在當時的情境中。看似獨立的章節，卻又有著微妙的維繫，帶我們回到了那段時空。「從果斷中看見細膩，在細微處洞悉全局。」如果你不了解兩岸關係，這本書絕對是入門的領路人；如果你了解兩岸關係，這本書更能激起你的共鳴。

——陳俊安（國會助理、務實的政治工作者）

對處理兩岸事務的決策者來說，最核心也是最難的，就是信任。對內要取得普遍民意的信任，更需要上級的信任，否則寸步難行。對外則要取得大陸方的信任，兩岸的協商、往來談判，才能夠順利進行。然而也不能為了取得信任，或者為了協商的順利進行，失去原則，這會讓對方看不起，也會失去內部的信任。在賴幸媛的任上，簽署了許多重要協議，甚至包括了最難的ECFA。其中的許多眉眉角角，縝密的思慮、民意的溝通、兩岸談判的折衝，施威全在這一本書中，做了詳細的記錄。這是一本兩岸交流與決策非常好的教戰守則，也是重要的歷史紀錄。

——楊渡（作家）

施威全用有如小說般流利順暢的筆法，用第一線幕僚的內部視角，帶著我們重回馬政府時期，兩岸交流的檯面上下的角力博弈與人情溫暖。見證「眉角」與「細節」，永遠是政治工作最難以分辯的魔鬼。

——葉旭鴻（地方議會、國會助理、與文字奮戰的政治工作者）

本書可稱之為臺灣版的《索樂文報告》，陸委會歷史上任職主委辦公室者，從沒有像施威全擁有這麼大的權力，因此他參與啟動了兩岸官方的正式管道。也是賴幸媛有遠見，讓陸委會和國臺辦能跳過白手套直接往來。施威全無私傳承了他的工作經驗，朝野黨派都受益，政務官將不用因為政黨輪替，而必須從頭摸索。本書不像一般的學術文章，施威全大膽陳述觀點，情治工作人員應該仔細研讀，也是想參加國安單位考試者必備的入門書。

——國安局主管官員匿名推薦

開車上路要「保持距離、以策安全」，但這本《協商總在晚餐後——賴幸媛與王毅的祕密管道》卻告訴我們，在兩岸關係裡，要「保持官方互動」，才能「以策人民安全」。

書中清楚描繪了，作者任職陸委會高層的四年間，臺灣透過兩岸政府頻密的公開、私下交流，用心傳遞了各種應該讓大陸體會的訊息，逐漸讓大陸學習到，各種中華民國政治符號實已與臺灣民眾生活融為一體，成為臺灣人民認同的重要基礎，幫助大陸增進對中華民國的正面認知，更深切理解臺灣各階層庶民對兩岸關係發展的素樸心聲。

而隨著官方良性互動促成的兩岸關係正向發展，「臺灣因素」成為大陸官方各類決策過程中，愈來愈需要納入考量、慎重思維的面向，凡此都是兩岸官方正常互動帶來的珍貴資產，成為臺灣人民安全福祉的最大保障。

看完此書，撫今追昔，相信會讓您對臺灣該如何處理兩岸關係，有更深刻的體悟。

——國安小兵匿名推薦

目次

兩岸關係曲折多，臺灣政壇風波惡。為了保護國家公務員，除了少數特例，作者不揭露牽涉其中的文官身分，謹懷深切感激。

01

飛彈來襲

「圓山指揮所」可用來召開戰時國家安全會議之用，另有二十二間各部會作業室，共可容納約兩百一十人，其中包括總統、行政院長和國安會祕書長等重要職務，還設有專用寢室。這間作為首座「國家政軍指揮中心」的指揮所，內部資訊系統比照在旁的軍方「衡山指揮所」打造，同樣擁有C4ISR指管通情能力，並可與國軍的「博勝系統」連結。在會議室內，偌大的電視螢幕可直接看到共軍兵力部署，以及戰機起降和船艦出沒的資訊，提供三軍統帥下達決策指令。

吳明杰，二〇〇八年四月十七日

《中國時報》

清晨四點半，被手機鈴聲吵醒。

「共軍剛發射了第一波飛彈，賴主委已登上裝甲車，請您立即前往圓山指揮所。」

電話那端的同仁聲音很鎮定。

終於開戰了。過去兩個禮拜，國安會緊盯著國防部，不時傳來訊息告知共軍的動向。訊息愈來愈頻繁，共軍的意向愈來愈明確。五天前，陸委會同仁開始輪流值夜，守著保密電話，等候隨時可能爆發的戰情。

不到十五分鐘，我趕到圓山指揮所。天際曙光未露，這個藏在山洞的地下碉堡，早已燈光通明，像蜂巢，裡面擠著各部會的戰時辦公室。圓山指揮所原是陸軍總部的廢棄指揮所，歷經三年耗資一億多整建，做為國家政軍指揮中心的主指揮所，戰時供總統與政府各機關進駐，和俗稱衡山指揮所的國軍聯合作戰指揮中心比鄰，密道相通，兩個指揮所都藏在挖空的山腹裡。

我報到的山洞口在實踐大學體育館旁，通北街一四五巷。著裝野戰服的少校軍官收走了我身上的電子器材，帶我在迷宮般的走道拐幾個彎，快步到了陸委會戰時辦公室。三坪的房間塞了五張桌子、五部電腦，劉德勳副主委、企劃處處長、經濟處專門委員和資訊室專員都到齊了。專門委員對著副主委唸出最新收到的戰情：中共發射了第二波飛彈。數量未明。訊息裡沒提到彈著點。災害剛發生，傷亡報告不會這麼快就有，但我們得立即反應。

在我抵達戰時辦公室之前，副主委已經命令同仁監控陸方即時訊息：國臺辦和國防部有沒有公開講話？立即回報。此時，間隔二十分鐘，射了兩波飛彈，副主委斷定這絕對不是誤射。但他還是下令，透過兩岸的正式協商管道，臺灣的海基會與大陸海協會，要求陸方即刻表明態度，萬一是誤射，趕快承認並澄清。資訊室專員火速地把指令傳給山洞外的同仁執行，也將陸委會此刻的處置，同步傳給中央軍政指揮中心。如果臺北市濟南路上的陸委會辦公室沒被飛彈摧毀，全體同仁應該早都齊集待命了。

副主委又下令，透過陸委會與國臺辦建立的直接聯繫管道，向陸方求證：飛彈攻臺，是不是人民解放軍的脫序作為？解放軍現在受不受中共中央的節制？目前中共對臺小組的角色為何？中共內部是不是出了什麼亂子？

這個直接聯繫管道，是國家機密。

兩岸形勢詭異，我們不承認中華人民共和國，對岸不承認中華民國，臺海雙邊的經濟交流卻愈來愈頻繁，在陳水扁總統執政時到達最高峰，衍生出許多問題，需要兩岸政府坐下來談談，但兩岸的政府機關又不能直接對口，因此透過白手套搭建聯繫平臺，臺灣的海基會與大陸的海協會，就是兩岸擱置主權爭議，協商民生問題的管道。然而，從直航到共同打擊犯罪，從農產品檢疫到食品安全，馬英九上任總統後兩岸談的事情太多了，陸委會作為統籌協商的主管機關，同仁免不了跳過海基會就直接聯繫起對岸官員，脫下手套打交道直爽俐落多了。直接聯繫管道，是國家機密，陸委會一直瞞著海基會，行政院和各部會也不知道。這個聯繫管道，陸委會與國臺辦有默契，不同於海基、海協的事務性溝通管道，是政治管道。

透過陸委會的管道直接質問對岸，單刀直入較無顧忌，也表示我們的關心：國臺辦還好嗎？飛彈攻臺，你們是不是也狀況外？

上次中共武力犯臺，一九五八年的八二三砲戰，兩個小時內六百門重砲齊發，五萬七千發砲彈轟擊不間斷。我急著想知道這次間隔二十分鐘的兩波飛彈的規模和源頭，都是同一型武器？從陸上發射？從海上發射？彈道導彈和巡弋飛彈都有？都發射自同一部隊？還是來源各有不同？曾任職國安局的退役將軍某少將指導過我，飛彈發射和男性射精一樣，無法立即一射再射，他引用生殖學的比喻，次數與間隔是評判對方意圖與能量的關鍵。我將我的關切向副主委報告，他點頭，資訊室同仁馬上把我的問題傳給指揮中心。

呈報資訊、擬定處置方案、傳報指揮中心，這些動作瞬間完成。我抵達戰時辦公室還不到三分鐘，邊討論戰情的同時，我們建構完成了緊急應變的處置程序，經濟處專門委員指揮資訊室專員，在電腦上同步架構好行政流程，平常層層上呈的科層組織，在這五人小房間內迅速轉成扁平的應變中心。主委賴幸媛就任後，她力邀李登輝總統時代的國安團隊訓練陸委會同仁，針對危機處理與談判兩個核心項目上課，協助發展危機劇本與兵棋推演，我們的訓練未臻成熟，考驗便來了。

未見指揮中心或是總統府公開發表聲明，劉副主委要求先備好陸委會的聲明草稿，等總統府發表公開聲明後，我們配合府方基調再調整、公布。我筆快，自願寫稿。稿子裡譴責大陸當局摧毀了兩岸雙方過去推動和平發展的一切努力，亞太區域局勢動盪崩壞，中國大陸將成為國際社會的共同敵人。此時不得不扯入國際因素，自己吹哨子壯膽，盼美、日愈早介入愈好。但我稿子的真正重點是臺灣人民：

「……一九三一年的九一八事變，中華民國國民與國軍只有暫時撤退，沒有永久屈服；一九一五年噍吧哖事件，臺灣先烈埋骨玉井萬人塚，後世永昭。歷史殷鑑，此刻臺灣土地上的所有人民，不管先來後到，會展現先祖抗日般地堅毅韌性，蕃薯不怕落土爛，只求枝葉代代湠。」

中共，特別是國臺辦，是陸委會新聞稿的最忠實讀者，他們總逐字審視、解讀陸委會的訊息，因此我稿子裡語帶玄機且留三分餘地，罵人的部分只寫中共中央以及大陸國防部，呼籲懸崖勒馬的部分，則特別提及國臺辦。我不會罵遍了全中國大陸，斷了可能的管路。

兩岸這一盤棋，臺灣最大的籌碼是臺灣人民，包括我們的經濟實力與政治制度，都是面對大陸時最重要的資本；其次才是以美國為首的國際社會。我的新聞稿裡充分凸顯這項差別，我不確定我的認識是否與總統府一致，可以預見的是，總統府的聲明裡一定會有什麼中華兒女、中華文化的字眼，對錯不論，重點是這些字眼無法召喚當今臺灣年輕人的熱情與支持。府中有人常忘了，對大陸喊話時，真正重要的讀者是臺灣人民。

指揮中心傳來第三波飛彈來襲的戰情，我們也看到了各部會傳報指揮中心的處置作為。外交部已聯繫各國駐臺單位並直接聯絡美國國務院與白宮國安會，給國務院的電話裡，外交部強調，如果美國打算撤僑，中華民國會盡力支援。意思是，情況危急，你們該出手了吧。我相信，國安會祕書長也已與美國軍方和國務院連上線，要求美國出兵。要求美方軍艦集結菲律賓海峽？還是調動駐日、韓陸戰隊？我們的機密權限看不到這訊息。

此刻，山洞外的世界是哀嚎驚慌還是動員作戰？我們的手機在進入圓山指揮所時都被扣留了，防止洩密，也阻斷了我們接收外界訊息，其實山洞深祕，就算有手機也收不到訊號。無從窺探外界，我們只能接收政軍指揮中心提供的的戰情與新聞簡訊，對這種官方單一窗口所匯集、過濾的資訊，我總不信任也不耐煩。二〇〇九年八八風災時，中央災變中心根本無能迅速掌握全貌，不知災害嚴重，政府官網揭露災情總是比新聞報導慢幾個小時，那時最讓人驚歎的是網民自發建立的災情網頁，更新迅速，有效率地指引救災物資該往哪邊送。雖然到頭來，還是官方發佈的數字最權威精準，但公部門比較像是溫室花朵，而不是捲起袖管涉水爬山的前線部隊，要掌握微妙的社會氛圍，公部門難著力。

第四波、第五波與第六波飛彈接連而來，每波間隔只有十分鐘且量多。藉用某將軍的生殖學比喻，對岸這支飛彈部隊有備而來，吃了威而鋼而不是鳥頭牌愛福好，因為愛福好「愛扶好」。或者出襲的部隊不只一支。此刻全臺整備最齊全的應該是國軍，大陸蠢動跡象初露，國軍便拉高備戰，三天前全部禁止休假，封公共電話，禁止寄信，官士兵全寫了遺書，晚上穿戰鬥服就寢，連三天吹戰備演習，車輛備料全補齊，彈藥搬回各連上保管，私人物品打包統一鎖起。此時國軍承擔臺灣人民的冀望，我期待國軍歷次的高裝檢確切精實，不是cosplay。

國軍上次如此警戒，是一九九六年的臺海危機，大陸對臺灣南北海域試射飛彈並軍事演習嚇阻。結果李登輝總統當選，得票率過半，之後他還提出了兩國論。此後中共一直是民進黨的稱職助選員，如今六波飛彈連下，中共不甘寂寞扮演起臺獨的催生婆了。

接連著第七、第八、第九、第十波飛彈來襲。美日現下態度如何，沒看到政軍指揮中心揭露任何動向，此刻外交部一定忙翻了，我們決定撈過界。平日陸委會外賓造訪頻繁，兩岸關係是外賓訪臺時感興趣的題目，因此陸委會從主委以降，認識不少外國政要與智庫，我們決定要同仁們分頭聯繫這些國際友人，讓陸委會的立場國際周知，飛彈襲臺，整個亞太都會被捲入。

行動代號：休戚與共，別名：拖人下水。副主委下令啟動。

02

美國介入

危機期間形象管理的主要目標，在讓民眾通過以下三點感受，建構起政府正面、積極的形象：

一、政府負責任的態度——「有我在」。

二、政府有效的在處理危機——「看我做」。

三、政府和民眾站在一起——「跟我來」。

張榮豐，二〇一四年九月八日

Michael.J.F.Chang臉書

邦交國元首除外，造訪過陸委會的最重量級人士當屬阿米塔吉（Richard Lee Armitage），美國小布希總統執政時的副國務卿，每次來臺都帶著曾任他幕僚長的薛瑞福（Randall Schriver），薛在二〇〇三年時開始躍上檯面，擔任副助理國務卿，主管東亞與亞太事務。我們看著薛瑞福幾年間逐漸獨當一面，成為對岸對臺單位無法忽視的聲音。阿米塔吉與薛瑞福有次訪問大陸，國臺辦便當面提醒，意謂，薛雖然年輕，但講的話很多人注意，應該謹言慎行，多講些有利於兩岸關係與美中關係的建言。薛雖在野，一旦共和黨重返執政，必擔大任。賴主委常說，與其趕熱門不如燒冷灶，陸委會同仁與薛瑞福偶有往來，臺灣有難，他當然是重要聯絡對象。至於薛的師傅，阿米塔吉，我們麻煩主委她親自負責。

賴主委國際上頗有些人脈。例如她曾參與臺灣加入世界貿易組織（WTO）時的政治協商，和當時的美國商務代表佐立克（Robert Zoellick）、助理商務代表貝德（Jeffrey A. Bader）共同為臺灣爭取有利的入會條件。他們三人是並肩的戰友，與中國大陸入會首席談判代表龍永圖鬥智交手。這一役，龍永圖曾經氣得掛電話；蔡英文主席任職李登輝總統國安團隊時，提出的選項之一：臺灣比照港澳條件加入世貿組織，被賴主委推翻了。臺灣成功入會時，貝德與賴舉杯慶賀，微醺下，貝德說：

「幸媛，臺灣從不對美國說不，這很不健康。」言下之意，不管哪個黨執政，臺灣面對美國，總是人家要五毛，我們給一塊，這是臺灣政府經貿談判的傳統。

我整理了一份名單，是賴主委可以深談的國際朋友，不限於美國。看到這名單時，她會聯想起更多人。一九九六年臺海危機，中共宣布飛彈射擊後，西方國家對中國大陸以演習之名行軍事恫嚇之實，企圖影響臺灣的總統大選，紛紛發言譴責，大陸經貿部門擔憂會受到經濟制裁，軍方不得不縮小演習規模。此刻賴主委的功課，就是拖人下水。我問劉副主委說，需不需要提醒主委，即刻從軍政指揮中心的會議桌起身，無須徵得主席同意快快離席打電話？

危機處理的決策會議，目的在確定危機處置計畫、形象管理計畫以及資源動員計畫；但我們看多了中央災變中心那種各機關坐一圈、盍各言爾志的緊急會議，如同李前總統的國安團隊常批評的，各機關報告的內容夾雜問題與方案，不只會議時間冗長，問題具片面性，處置方案也是局部性，政府好像都不懂得危機處理的會議應該怎麼開。劉副認為不必要，賴主委不會在危機會議上講究什麼溫良恭儉、長幼有序。

又有三波飛彈來襲，可是沒有任何人民解放軍地面部隊的訊息，對岸此刻是否眾船齊發奔向臺灣？臺灣海峽波濤洶湧，被船身劃出萬道水痕白沫？難道飛彈來襲，如此多量只是政治訊號？中共沒打算登臺？

陸委會同仁來訊，美國國安會主管亞太事務官員私下透露，第七艦隊司令將發表談話，呼籲中共不要錯估形勢。一九九六年臺海危機時，美國態度強硬，第七艦隊司令在印尼便公開對臺海安全表達關切，此次劇本重演。一九九六年時美國派遣兩個航母戰鬥群到臺海南北兩端，監控中共軍演，李登輝總統當時的國安團隊稱之為「很具體又克制」的軍事行動，戰略明確、戰術模糊。中共此刻不是演習，飛彈不試射海洋，而是耀武揚威襲臺，美國願意被捲入臺海戰爭嗎？

「總統發表電視談話！」

資訊室的同仁盯著電腦向我們宣布。總統終於講話了，距離第一波飛彈襲臺，剛好兩個小時。

二〇〇一年美國九一一事件，第一架客機在美東時間早上八點四十六分撞上世貿中心，第二架客機在九點〇三分撞上，九點〇五分小布希總統被告知，九點三十分公開露面講話。在舉國震驚疑懼中，小布希即時告訴美國人民「有我在」、「聽我說」、「看我做」、「跟我來」。中共飛彈來襲，兩個小時後臺灣民眾才在電視上看到總統現身，這期間，有線電視、網路新聞與部落格早已謠言滿天了。政府消失了兩個鐘頭。

媒體似鯊魚嗜血，記者們急著要第一時間的官方回應，怎麼可能任憑政府靜默兩個小時？難道這兩個小時總統府、行政院以及相關部會的發言人、新聞聯絡人都躲著記者？跑陸委會的媒體朋友偶爾會向我求證些訊息，或透過我瞭解事件背景，如果收得到訊號的話，此刻我的手機上一定超過百通的簡訊和來電未接。臺灣各媒體有派駐北京的記者，他們一定問到了中共的官方說法，為何我們的指揮中心沒給我們相關報導？外面戰火熾熱，我們躲在山洞裡，感覺被蒙上了眼睛，外界訊息不詳，像盲人瞎馬在打仗。

第十九到二十五波飛彈來襲，我們接到轉進第二指揮所的命令。政府要撤守圓山指揮所？我們並沒有被炸到的感覺，沒有天搖地動，冷氣還是強得讓毛細孔緊縮，燈光仍明亮，電腦也運作正常。是什麼情資讓指揮中心判斷得撤退？

「賴主委在前往桃園第二指揮所的途中受傷。」

劉副主委對我們宣布。原來總統以及部會首長們已先一步撤離。劉副主委是法律人，長久擔任陸委會發言人，用字謹慎精準，他說受傷，那主委一定沒有罹難。

還來不及問清楚賴主委傷勢如何，指揮中心傳來訊息，第二指揮所被炸毀。第二指揮所是圓山指揮所的複刻版，陸委會在裡面也有一間戰時辦公室，發生地太突然了，我一下子想不起來是哪幾位同仁進駐。不想了，我得專心面對眼前的情況。

劉副主委、企劃處長、經濟處專門委員、資訊室專員和我，主委指定我們五個人進駐戰時辦公室，自有她的用意。若陸委會不幸全毀，或同仁被戰火阻隔無法到達辦公室，我們五個人仍足以形成戰鬥團隊，支撐重要業務，五個人做陸委會兩百多人的工作。我們入選，有的因為執掌重要業務，有的具政治敏感度。危機處理時刻，要應變機靈、決斷迅速，在極短的時間做出各種處置，一個人的優缺點此時顯現無遺。這時，劉副主委充分展露他舉重若輕的本事。他文官出身，在陸委會服務十多年，身上有主委常強調的機關記憶（Institutional memory）；有法律人常見的清晰邏輯；有作為政務官的策略思考。訊息混雜、情況多變，主委要求劉副主委領導戰時辦公室的用意，此刻彰顯無疑。

第二指揮所被炸，我們就不轉進，留在原地。劉副宣布了主委裹傷後趕回指揮所的消息，顯然傷勢不礙，那就好。飛彈襲臺已達三十波了，我們待在陸委會戰時辦公室，所得資訊還是相當有限，我們持續向指揮中心反應，若不趕快解決這問題，陸委會形同癱瘓。危機處理的指揮體系不同於平時的科層組織：平日的官僚系統首重做好分內的事；危機則常超越幾個部門的業管範圍，需要大量的跨部門協調。但圓山指揮所的設計就是一個部會一個窩，自己悶頭幹自己的事，機關間互通音訊，一是透過電腦上國防部創建的ＭＳＮ群組，二是指揮中心傳報的各機關處置作為。這個指揮中心，從空間配置到指揮操作，都不太符合危機處理的原則。

我又急又悶，藉著上洗手間時，看看隔壁幾間辦公室。國安局的辦公室比一般部會的辦公室大多了，人也多，全都短髮、深色中山裝，一群大男人電腦前輕攏慢撚抹復挑。臺灣等著被殲滅了，國安局戰時辦公室竟氣氛清閒，國家的情報戰、臺灣的命運就掌握在他們手裡，危機處理的決策得仰賴情資蒐集與研判，此刻他們應該跑上跑下往指揮中心送情報與研析，或者在鍵盤上猛力大敲。飛彈來襲三十波，在指揮中心轉傳各機關的訊息裡，沒看到國安局作了什麼處置，一則都沒有。

陸委會有時對國安局不太有好感。與大陸協商，需要知彼知己，但國安局很少提供談判團隊有價值的情報。相形之下，大陸透過臺灣媒體，輕易知曉我方底線，例如總統公開希望《海峽兩岸經濟合作架構協議》（ECFA）在翌年春天完成，等於自行宣布談判的期限，讓陸方知道我方絕不會擱置談判或讓協商破局。總統的宣布，以他的政治高度，應該有其用意，但我方團隊談判處境會更艱難，這時我們最需要對手的情資，我們要求國安局提供對岸談判團隊的個人誌，以瞭解對手們的個性與風格，但國安局提供的只是簡歷。有次協商在淡水舉行，我們邀請國安局派員參加，假裝是海基會的工作人員，坐在談判桌的第二圈，近距離觀察對岸談判人員的思路、優缺點，以及他們團隊成員間的互動。國安局派了兩人來，到了會場楞頭楞腦，問陸委會同仁，到底要他們來做什麼？

此後，再也沒有人邀請國安局旁聽兩岸談判了。

山洞裡像迷宮，我不敢到處探頭探腦；國安局辦公室的異象，已夠駭人。跑回陸委會戰時辦公室，我向劉副報告我的驚嚇。

「國之將亡，國安局打混如此，我們在此認真，實在不聰明……」

戰時辦公室的門猛地被打開，劉副主委還沒回我的話，抬頭，看到賴主委走了進來。

應該說，她是衝了進來，她一貫的幹勁，走路時身後總好像帶著一陣風。

賴主委開口便問：

「有沒有問題？」

「問題不少，我們都很好，不過您被炸彈碎片射傷了。」劉副微笑著說。

「你們危機想定時，設計我受傷了？」

在圓山指揮所裡，我們正參與國家軍政兵推，國安會主導、國防部承辦，這是一場演習。

令人失望的演習，出題者的危機想定只有一波波的飛彈來襲，十個小時，三十三道題目，三十三波飛彈來襲。

演習快結束時，國安局才送出他們的處置方案，三十三道題目一次回答，寥寥數語。MSN群組上各部會大罵國安局真混。

演習後的檢討付之闕如。張榮豐博士，領導過李登輝總統與陳水扁總統的國安團隊、臺海危機應變計畫「十八套劇本」的作者，他論兵推成敗的關鍵：「兵推結束時，統裁組、裁判官和學員必須坐下來討論整個兵推過程中，參演者所遭遇的困難點、壓力點和對作業程序的心得。」這次演習都沒做。

眾人離開山洞前，國安會祕書長陪著總統探視各部會戰時辦公室。來到陸委會，總統說：「如果兩岸真戰爭，與大陸就沒什麼好談，協商停止，到這個處境，都是國防部、經濟部等部門的事，陸委會大概沒事情好做了。」

這樣講並沒錯，不過我們七葷八素地忙了十小時。

03

隔絕特權利益

馬營人士直言，馬英九用賴幸媛，只和兩岸政策主導權有關，「和路線絕對無關」，未來兩岸政策主導權不會落在國民黨榮譽主席連戰手上，也不會落在內定海基會董事長江丙坤手上，「怎麼可能落入前總統李登輝手上？」

張祐齊、范凌嘉，二〇〇八年四月三十日《聯合報》

二〇〇八年四月十八日，賴幸媛委員從臺北來電。我稱她委員，因為兩個多月前的一月三十一日，她方卸任立法委員。此時臺灣應已頗悶熱，我在倫敦，凍春冷冽，室內開暖氣驅寒；白晝漸長了，天空卻陰灰幽沉，只有院子裡的藍鈴花與黃水仙，幫春天上點色彩。

「威全，你當初是如何猜到陸委會主委這個位置的？」

她劈頭就這麼一句話，我愣住了。一開始我困惑，以為將就任總統的馬英九邀賴委員擔任陸委會副主委，以她的政壇輩份，陸委會的重要性，副主委這位置還算合情理。我充滿疑問，搶著講話，聽不清楚彼端的聲音。

「他要我擔任陸委會主委，不是副主委。」我這下聽清楚了。

賴委員受邀出任陸委會主委。總統當選人當面與她碰面了？候任閣揆電話通知？另有他人代表馬總統當選人邀約？賴委員沒有對我說她如何接到這個邀請。這是她的工作習慣，我不需要知道的細節，她不講。

我的確曾「預測」過陸委會主委這個職位。才四個禮拜前，二〇〇八年三月二十二日馬英九先生當選中華民國總統，我和賴委員電話中聊臺灣政情。我說，如果馬找她入閣擔任陸委會主委的話……話還沒說完，賴委員便打斷說，不可能。我說，萬一真如此，絕對不能去，那是會被五馬分屍的位置，我已經幫她想好拒絕的說辭了。我解釋說，我只是拿這道題目，做一做頭腦體操，胡思亂想，讓自己不要疏遠了臺灣政情。我認為，國民黨執政，內閣需要個有綠營資歷的人當樣板，或許會想到由她當研考會主委之類的職務。賴委員要我不要想太多。

研考會主委有可能，陸委會主委則太異想天開了。兩岸形勢與臺灣政情糾葛纏繞，不會明朗，只會更複雜，未來陸委會主委一定是資深的政壇大老、能鎮懾各方勢力的人。

我認為賴委員有機會入閣，三個原因。一，樣板閣員有前例，陳水扁總統曾任命新黨黨魁郝龍斌為環保署長。二，她從英國返臺後，投入國際經貿組織相關工作，成為政府部門常諮詢的智囊，能力很快為各方見到。賴幸媛與陳水扁總統原本相互不認識，但陳總統聘她為國安會委員，部長級的高位。離開國安會後，與臺灣團結聯盟不曾往來的她，被邀請擔任列名首位的不分區立委。政權再度更替，賴委員若獲邀入閣，並不意外。三，她與馬英九總統當選人幾無淵源，但馬陣營似乎對賴委員立委任內的專業表現頗有印象。我不認識任何國民黨要員，但約略有這樣的感覺。

二〇〇八年的三月我開玩笑地與賴委員提到，如果馬英九找她擔任陸委會主委。但這只是胡思亂想，不是預測，儘管朋友圈中常有謠傳，認為我對政情的預測頗準確。

我曾推論馬英九當選市長後，會邀正在臺大建築與城鄉所念博士的林正修先生當民政局長；我與媒體前輩們聚會時，曾預測陳水扁總統候選人電視辯論的發言主軸；二〇一六年八月九日，媒體前輩江春南因為酒駕，辭去剛被任命的駐新加坡代表一職，八月二十三日我出差新加坡時，對臺灣駐新加坡代表處的文官同仁們說，新任代表會由黃志芳接任。這些預言，神準。

其實以上幾例，本有脈絡可循，不需憑藉什麼內幕消息，就可猜對；實情是，我預測失靈、說不準的事情更多，超百破千。如同江湖術士一樣，一千件裡只要說對了一件，就被說成靈異。

賴幸媛應否接任陸委會主委？我和某些社運界朋友力主她接受，理由很簡單，公職是載具，有公權力可以做事。國民黨內閣又如何？難道進入民進黨政府就比較清高？二〇〇四年時我們都贊成她擔任臺聯的不分區立委，儘管不贊成臺聯既右且獨的立場，也知道她任職立委，一定得配合臺聯喊幾句臺獨口號。那又如何？世間位置，都得花上七分力氣忍受自己不喜歡的事務，剩三分力氣推動理想，還未必能一一實現。賴委員是工作狂，她會藉著公職發揮專長。想涉入政策就得沾染政治，國民黨、民進黨與臺聯，差別不大。賴委員任職國安會時，高雄學界有朋友對於她進入政治體制不以為然，我討厭這種跨足學界與社運，還自以為超然的人。他們得以站在道德的高度議論是非，還不是因為有國家的供養？噁心的是，為了研究資源、個人升等，還不是謹小慎微地與主管機關打交道？

政治江湖，是非難說清。賴委員任職立法院時，她在環保與弱勢傳產議題上，表現鮮明，強烈的個人光芒，超越了整個臺聯黨團。我注意到，跟著臺聯喊口號時，她穿著臺聯制式的淺褐色背心；當她著力於專業議題時，記者會或公聽會，便穿著她喜歡的桃紅色衣服。這是她的政治訊號，除了臺聯的色彩，她還有自己的顏色。

現在面臨是否入閣國民黨政府的選擇，當然有掙扎。國民黨金權糾葛、八大公九大老的形象，值得沾染這塊泥巴？馬英九投入總統選舉時，面告詩人吳晟，他與國民黨「同流不合汙」；賴幸媛何來此番力氣，向認識的所有社運朋友一一解釋？

四月十八日之後的十天，賴幸媛輾轉反覆，幾次傾向婉拒入閣。幾位社運界朋友主張入閣的聲音最堅定，樂見有朋友可以在體制內當內應，反正「死道友不死貧道」，屆時若粉身碎骨，死的是賴幸媛。賴委員也尋求李登輝前總統以及臺聯主席黃昆輝博士的意見。李前總統是賴委員任職立委時重要的助力。

二〇〇六年，賴幸媛推動臺聯轉型，企圖於藍綠夾殺外，走出第三條路，在李前總統支持下，喊出「統獨是假議題」的左傾主張，與既右且獨的意識形態劃清界線。這是場藉李登輝出手，賴幸媛「鳩佔鵲巢」的運動。二〇〇七年一月，黃昆輝博士出任臺聯黨主席，就職典禮上宣示了臺聯定位及新方向：「未來除了秉持原本臺灣主體的立場，監督執政黨是否走臺灣主體路線，更將在政策主張上發揮關懷社會正義、弱勢族群的精神，為中產、工農及基層民眾爭取權益。」臺聯正式向左轉。之後「新舊臺聯路線之爭」檯面化，資深的臺聯黨員與立委出走，或被開除。之前的臺聯，有立委要「大陸新娘拿游泳圈游回中國」，有的立委說「越南新娘帶有毒素影響臺灣的下一代」，這些人在新舊臺聯之爭爆發時，要求開除賴幸媛，畢竟他們才是正宗老臺聯。賴幸媛沒被趕走，她繼續被提名不分區立委候選人，她的主張成為二〇〇七年選舉時臺聯的主調，在她署名的文宣裡，標題觸目：「李登輝：民進黨比國民黨還腐敗」，大意是，國民黨五十年的腐敗，民進黨執政五年內就達到了。這時的臺聯一點都不綠，賴幸媛的政敵罵她「借殼上市」，文字刻薄卻寫實。

臺聯風波惡，李登輝前總統一直支持賴幸媛。但輿論說二〇〇〇年時是李前總統向陳水扁總統推薦賴，二〇〇八年也是李推薦賴給馬英九總統，都不正確。二〇〇四年賴離開國安會，出任臺聯不分區立委後，李前總統才認識她。不推薦人事，李前總統一貫的風格，馬總統當選人邀請賴入閣，是她主動告知李前總統，那時媒體仍不知此人事案。

賴委員入閣，李前總統一開始大聲讚好，多所期勉，但後來態度迴轉，四月二十四日李對賴說，賴孤身入閣，臺聯無法支援，大環境複雜，賴一個人擔不起來。李前總統的反對有無轉圜的可能？是否，藉此他明示，不再為賴背書，此後賴的作為，他不負任何責任？賴受邀擔任陸委會主委的消息公開後，輿論猜測，李前總統對馬政府人事下指導棋，實情相反。

有教育界的長輩勸賴委員說，若老人家反對婚事，那就私奔吧。樸素的語言點出事件的癥結，入閣不是嫁女兒，不須因為李前總統的態度而有太多糾結。四月二十五日，李前總統再次表明反對，很強烈，他認為這個人事案會波及到他自己與臺聯，政治圈恐傳說，邀賴入閣，是國民黨賄賂臺聯的手段。當晚馬總統當選人拜會李前總統，兩個小時後，賴被告知這人事案就此底定，結束過去幾天的起伏震盪，終於賴也不再掙扎，武裝精神，準備新職。

過了一個週末，四月二十八日週一，準閣揆劉兆玄宣布賴委員接任陸委會主委，全臺輿論譁然，藍營反彈聲浪尤其大，中共對臺機關的發言則頗克制，不評論臺灣新政府人事。我注意到媒體報導了國民黨前主席連戰先生的反應，連先生乾笑兩聲，不評論；連戰夫人連方瑀表示：「沒聽過賴幸媛這個人。」語言雖輕蔑貶抑，可能是實話。或許這就是馬找賴擔綱陸委會的用意，賴委員與國民黨從無瓜葛。如果陸委會主委來自國民黨，淵源深切，屆時三大公五大老，隨便一通電話打到陸委會，陸委會不得不滿足他們的需求。賴委員與國民黨沒交情，三大公五大老，這電話就很難打。應允出任陸委會主委前，賴委員曾問馬總統當選人，找她是否要她當煞車皮？煞車皮易磨損，是耗材。事後看來，煞車皮與否，就元首的高度不是重點，兩岸關係複雜，牽涉到太多利益，馬政府需要絕緣體，總不能一大竿子人都向中國大陸傾，都往北京跑。

任職陸委會主委四年多，與國民黨無關的賴幸媛，自己或家人也沒有在大陸投資、做生意，她是特權利益的絕緣體。只有一次，她商請陸方協助私事。國臺辦副主任孫亞夫某次訪臺，賴幸媛主委私下會見他，雙方就兩岸關係該如何開展，各提主張，澄清看法，也有爭執。對談結束前，賴主委請託，賴的叔叔早年在大陸捐建了一間小學的教室，年代久遠，即將拆除改建，賴叔叔心繫這個學校的發展，希望新校舍蓋得紮實好用，學生受惠。孫副主任答應幫忙，幾週後，國臺辦通知我，他們已盯緊地方相關單位確實做好賴叔叔的拜託。

因為是私事，斟酌是否適合向孫亞夫提時，賴主委徵詢過副主委的意見。這是她任職主委期間，唯一一次事涉個人、向陸方開口。

04 舊人哭

（記者詢問賴幸媛接掌陸委會一事）

「我們不會對這項人事安排，做出評論和發表看法。」

李維一，二〇〇八年四月三十日

國臺辦記者會

賴幸媛主委曾會見訪臺的國臺辦孫亞夫副主任，陸委會與國臺辦高層如此直接面對面，沒有透過白手套，非常罕見，沒有對外公開，也刻意瞞著海基會，雙方把握機會，談話直率，爭執熱烈。當賴主委再次詮釋她的論點時，孫亞夫口氣不耐地打斷，孫說：「這我知道，您說第一次時我就聽到了。」

孫亞夫一九九〇年便任職大陸對臺單位，兩岸事務上有二十多年的資深經歷，年紀比賴主委大；但就官職等而言，副主任次於主委。常聽人說孫性情中人，處事急切，我總算見識到了。但賴主委對孫的不禮貌沒任何感覺，仍延續她的講話。賴幸媛專注工作時，就自動忽略了周遭眼光，包括他人的冷嘲熱諷。

二〇〇八年立委選舉前，全國公務機關約聘僱人員權益促進會大遊行，賴幸媛陪同他們進入行政院接待室，彼時政院文官官僚，臭臉面對陳情代表，有位專門委員答喙鼓，對著賴說，「委員，你立委不是這樣當的。」賴幸媛聽了沒感覺，繼續陳述，執著地要把論點完整說清楚。我看著幾位文官的表情，沒人在聽，他們大概心裡抱怨週末還得來加班。賴委員講話告一段落，從隨身提袋拿出水壺，喝了口水，喘一下氣。我才注意到，立委親身造訪竟沒茶沒水。賴不在意，我看不下去，我對政院官員說，這是什麼接待室？當官的就可以不顧做人的基本禮貌？

二〇〇八年大選，臺聯的政黨票得票率百分之三點五，沒跨過門檻，賴幸媛無法續任不分區立委。因為立委名額大幅縮減，也因時運正衰，民進黨從九十席掉落為二十七席，多位政壇明星落選，選舉結果塵埃落定的隔天起，立院就不見這些人的身影，躲起來了，儘管他們的任期還有十九天。立法院的氣氛相當冷，不連任的委員要被掃地出門，走廊、車道旁與大樓側邊都擺滿待搬走的物品。

那十九天，賴幸媛委員還是天天到立院上班，她沒有察覺立院職員對待她這位落選人的眼色，不像以前親和，她還有些議題在推，急著想完成。桃園有民眾擔憂住家門前的電纜電磁波，她仍舊推動協調會，她沒在意或沒注意到，不要說文官，連臺電的態度都不若以前敬畏，但賴不分區立委落選人幸媛女士還是纏著公部門，緊迫盯人，要臺電落實承諾。整個空蕩蕩的立法院，不續任委員的身影，就只有賴幸媛一個。

新立委就職典禮的前兩天，王金平院長在議場前廣場搭棚設席，迎新送舊，沒有人重視，幾乎沒有立委出席。落選的羞於露面，當選的忙著謝票、慶功，不克前往。賴委員出席了，因為她覺得應該藉機謝謝王院長。有電視新聞報導了宴席，畫面中有賴委員張口吃麵的側影。這種場合，來捧場的，包括行政院官員，都是酒水沾一下唇，握握手就走，除了有些立院職員趁機省頓飯錢，政治人物沒有人真坐下來吃口飯，除了賴幸媛。

那年的一月三十一日，立法委員任期最後一天，半夜十二點一到，原本枯守門外的立院清掃人員，〇時〇分〇秒的那一刻湧入立委辦公室，把桌上、抽屜、地上所有的東西全掃入垃圾袋。委員已經不是委員了，誰還理你，三兩下，掃地出門，賴委員辦公室才關門，結束營業。

我趕在大清掃前，回收了些文具，裝了幾個塑膠袋，麻煩賴委員開車送我離開。落選立委應該感覺的尷尬，賴幸媛恍若無感，對她而言，就是又一個工作天結束了。人情世故，她在乎的與常人不同，或許是這個特質，成就了她的抗壓性。

賴幸媛接任陸委會主委的消息甫宣布，股票走低，創下總統大選後的最低點，馬總統當選人二十四小時內兩次公開解釋他任命賴的用心，以平息藍營的怨怒。媒體工作者打聽到賴的住處，一長列的電視攝影機在公寓門外守候，蘋果日報的記者到她母校蘇薩克斯（Sussex）大學所在地英國布萊頓（Brighton），追尋賴在英留下的生活蹤跡。四月二十九日晚間，馬陣營要員致電鼓勵賴幸媛，要她對這人事案有信心、撐下去，電話結束後，賴打開電視，看到多在談她，譏評聲浪高。

對於賴幸媛將出任陸委會主委，大陸對臺單位仍沒任何官方評論，一片靜默；反而國民黨內傳出「七月四日包機直航將跳票」。七月四日包機直航，是馬英九總統當選人的承諾，包機直航後，飛上海、北京、廈門、廣州的包機將不用再繞飛香港。這時有國民黨政治人物放風聲，宣稱賴幸媛人事案，兩岸關係跌宕谷底，北京抓狂，直航一案，中國大陸將抵制馬英九。立委邱毅和李嘉進公開表示，若是包機直航的承諾跳票，賴幸媛要立刻下臺，馬英九也要向國人道歉。李嘉進被視為國民黨副主席江丙坤的子弟兵，江將出任海基會董事長，李嘉進呼籲賴不要自居海基會的主管機關。有國民黨人則說，找一個輩分與海基會準董事長江丙坤差很多的人擔任陸委會主委，形同糟蹋江丙坤。李嘉進並呼籲馬當選人：「別只見新人笑，忘了舊人哭。」言下之意，海基會董事長這位置，相當於院長級，崇高卻無實權的榮譽職，馬當選人置舊人於此，哭的不只一人。國民黨內有暗潮洶湧，某社運前輩分析說，七月四日是生死關，若過關，證明中共對賴無惡意，惡意來自國民黨內部。

政壇惡言持續詆毀賴幸媛，我和弱勢傳產業者們商量，送花到她住處樓下表達支持。賴主委租住處是老舊公寓，樓梯間很小，所以也沒花很多錢，幾盆花就塞得錦色盈門，這些花代表兩岸關係的一個篇章。陳水扁總統執政時，總共開放三千七百二十五項中國大陸產品進入臺灣，政府每天一開門，平均就開放兩項，開放的同時沒有配套措施，毛巾、寢具、內衣、磁磚等本土產業遭受大衝擊。以毛巾為例，當美國與歐盟都針對大陸毛巾啟動進口救濟的防衛措施時，民進黨政府不作為，大陸毛巾長驅直入臺灣。根據經濟部貿易調查委員會調查，大陸毛巾在臺灣市場的市佔率，在開放後的三年間衝高到七成，同時期臺灣製毛巾的市佔率萎縮了五成，毛巾產業群聚的雲林，歇業頻傳，兩百多家工廠只剩約六十家，時任臺聯立委的賴幸媛帶領傳產向民進黨政府抗爭，逼使我政府向中國大陸出招，兩岸在ＷＴＯ架構下進行了有史以來的首次正式諮商，大陸毛巾被課徵百分之二百零四的反傾銷稅，毛巾業因此起死回生。對某些藍營人物來說，毛巾案是賴幸媛又一例對中國大陸不友善、傾向臺獨的事證。他們只知統獨，不知左右。

毛巾案，是左右議題。全球化潮流下，右派的新自由主義者反對國家干預政策，主張全面開放，認為一切產業都無須保護，讓市場機制汰弱換強；右派的保護主義者關切本土產業與勞工的利益，反對全面開放；左派則關切全球化下被犧牲的弱勢，也有左派批判資本主義全球化是大國主宰遊戲規則的全球化。賴幸媛對臺灣傳統產業的關切來自其中間偏左的理念。五月一日，在陸委會主委人事案發佈後三天，賴幸媛露面開記者會，話語就裡挾帶了她的左翼堅持。

記者會是由馬英九競選辦公室羅智強發言人主持，賴幸媛回應輿論對她獨派色彩的看法，也談她的關懷弱勢信念。賴幸媛說，關懷弱勢、照顧中下階層是她長期的信念，兩岸經貿交流增加，國民生產總額會成長，但兩岸交流必須建立在創造人民就業、就業機會不被剝奪的基礎上。賴幸媛講了四點關懷：

一，在全球化潮流下，百姓不見得受益，希望兩岸交流獲益的一方能為臺灣的社會安全體系做出貢獻，社會財富也能合理分配。

二，照顧弱勢族群與產業。

三，照顧在中國大陸的臺商、臺生及家屬。

四，大陸政策也會照顧在臺灣的中國大陸民眾。

媒體工作者塞滿記者會場，人聲雜遝，閃光燈不斷，在鑽動的人頭後方，門邊倚著一個賴幸媛熟悉的身影，和她並肩在傳統產業案、反對美國牛肉進口案，長期抗爭的社運朋友。遠遠看著他，被記者包圍、追問的賴幸媛像看到了親人，一張溫暖的臉孔。

賴幸媛記者會談的四點關懷，也是社運界朋友們對她入閣的期待。賴幸媛希望兩岸交流獲益的一方能為臺灣的社會安全體系做出貢獻，這個講法事後被不少媒體解讀為「國安捐」。事涉左翼信念的社會福利概念被說成是右派的國家安全主張，國族主義的陰影徘徊不去，左右不分，臺灣政壇的常態。

05

來自街頭的主委

中國很可能拒絕和臺灣討論互信建立機制（CBMs），至少一開始會如此。

葛來儀 Bonnie S. Glaser，二〇〇五

Cross-Strait Confidence Building: The Case of Military Confidence-Building Measures. Issues and Insights, Vol. 2, No. 2

二〇〇八年十一月三日，大陸海協會陳雲林會長來臺灣參加兩岸兩會高層會談，俗稱第二次江陳會，他在圓山飯店與臺灣海基會江丙坤董事長的握手場景，報名採訪的媒體人數超過千人，創臺灣紀錄。作為中共政府有史以來，踏上臺灣土地

的最高層級代表，陳雲林所到之處，都有民眾抗議，硬是要讓他志得意滿的身影灰頭土臉，反對者用行動參與了歷史的書寫，大聲表明，兩岸關係不是只有共產黨與國民黨的聲音。

十一月五日晚間，國民黨吳伯雄主席在晶華酒店設宴款待陳雲林，杯觥交錯，外面民進黨蔡英文主席、民意代表與群眾示威包圍，抗議聲浪震天，群眾嘗試闖入晶華酒店，與警方爆發多次衝突。吳伯雄和陳雲林困在宴會廳八小時，最後鎮暴警察強制驅離民眾，陳雲林座車從側門離開酒店，已是隔日凌晨。

六日早上馬英九總統在臺北賓館接見陳雲林，民進黨發動圍城抗議，示威民眾幾次與警察衝突，磚塊、保特瓶、棍棒和盾牌齊上，衝突範圍擴大，民進黨蔡主席一度上臺演說呼籲和平理性，但阻止不了群眾，黃昏時蔡主席宣布圍城抗爭結束。蔡英文離場，但群眾不肯收場，最後警方在七日凌晨以強力水柱驅離抗議群眾。此役群眾的激情演出讓蔡主席背上了「暴力小英」的稱號，社運界給她的封號更殘酷：「落跑小英」，街頭對峙，氣氛緊張，她人就不見了。

藉抗議與示威，反對群眾也成了江陳會的主角；沒參與過臺灣民主運動的蔡主席，此役暴露了她面對群眾手足無措，帶群眾上街頭，卻沒能力將活動收場。被臺灣群眾如影隨形抗議包圍的陳雲林，也不光彩。中國古時大官親訪長輩，邊門入、大門出，稱之軟進硬出；陳雲林赴宴，被逼迫從旁門離場，硬進軟出，可見臺灣社會對兩岸未來看法嚴重紛歧。

賴幸媛是國民黨政府裡唯一有群眾運動經驗的閣員，二次江陳會會見陳雲林時，她用臺灣民眾的語言闡釋兩岸關係，不避諱凸顯兩岸之間的歧異。賴幸媛對陳雲林說，臺灣人常用的一句話是「互相」（閩南語），要多站在對方的立場設想，彼此體認差異。對談中賴幸媛也說，必須先去除軍事威脅，兩岸之間才能夠逐步建構和平環境。這是臺灣官方首次當面向海協會會長提出大陸應去除軍事威脅的主張，此後每逢江陳會在臺灣舉辦，與陳雲林會面時，賴幸媛都會重提大陸對臺軍事部署的議題。例如二〇一〇年第六次江陳會時，賴幸媛說她經常下鄉到基層與民眾溝通大陸政策，明顯感受到民眾疑慮大陸武力的威脅，這種感覺已經化成許多民眾深層心理對大陸莫名的不安，甚至有人會因而有敵意。對此，大陸應有更具體的善意與主動作為。

兩岸關係不能只是兩岸政府攜手往前衝，要得民心才能穩健走，一直是賴幸媛會面大陸代表時的主調，每次發言她都強調，大陸當局應深刻體認臺灣基層對兩岸關係的觀感。二〇〇九年第四次江陳會，賴幸媛會見陳雲林的講話，陸委會同仁與我建議她用剛得金馬獎的電影《不能沒有你》作為素材，電影敘述了卑微百姓面對冰冷官僚體制的無奈與無助。賴幸媛當著陳雲林說，兩岸關係複雜，兩岸政府面對民眾都要有同理心。第六次江陳會，賴幸媛與陳雲林三度會面，會場背景看板是臺南七股的養蚵人家，談話中賴幸媛引用了《青蚵仔嫂》：「若有認真仔喂是會出頭。」講述臺灣農漁村婦女的樸實堅毅，不計較命運卻又不屈服於命運。第八次江陳會，賴幸媛第四次會見陳雲林，會場背景看板是南投茶園的巨幅照片，這布置提醒大陸代表們經濟全球化下的受害故事：賴幸媛任立委時，臺灣因為加入WTO，本土市場開放的同時，政府沒有配套措施，導致越南茶冒充臺灣茶衝擊市場價格，本土茶葉價格慘跌，她曾率茶農抗爭，要求民進黨政府啟動損害救濟機制，帶南投茶農成功爭取到一億四千萬元的進口損害現金救助。賴幸媛與大陸代表見面的場合，佈置與言談都凸顯她來自民間的背景，她講述民間處境。

賴幸媛面對群眾的姿態，也不一樣。第四次江陳會在臺中舉行，籌辦期間賴幸媛帶陸委會同仁到臺中拜訪各界，從臺中市政府走到臺中市議會時，邊走邊向媒體記者解釋兩岸兩會高層會談具體內容，同仁和我低聲向她提醒，前方議會大門有民代舉著抗議白布條，賴看了一眼，聽從建議，舉起手，向抗議者揮手問好。到了議會的會客室，抗議的議員們也到場，裡面有賴幸媛以前在臺聯時的議員同志，反對的口號聲浪中，賴幸媛一個箭步，雙手擁抱了向她抗議的議員，微笑問候，好幾位議員都笑開了，氣氛變得歡樂，民進黨的張廖萬堅議員主動出面，對仍在呼口號抗議的同黨議員說，夠了夠了，可以了。張廖議員的作法有道理，賴幸媛訪議會，議員們是主人，總得盡點待客之道。

江陳會進行了八次，直到兩岸兩會高層人事更迭，不再稱為「江陳會」，都在賴幸媛任職陸委會期間舉行，其中四次辦在臺灣，反對群眾的抗議次次形影相隨，街頭衝突免不了，群眾受傷，員警受傷，動物也受傷。第四次江陳會時，有抗議團體放和平鴿也放沖天炮，鴿子被炮擊流血，墜地在馬路上喘。江陳會受矚目，民眾從媒體影像上看到的是一場兩岸盛宴，容易忽略了，這只是簽署儀式，在簽署前，兩岸官員往返磋商、鬥智角力，景象不同於江陳會上和樂融融地拿筆簽字，有的協議談不下去，沒有結果；有的協議無從談起，連談判桌都上不了。

兩岸簽署協議，場景是五星級飯店，出場的是兩岸政府高層，宴會的衣香鬢影中，包括了大企業家。會場外，政治立場的歧異，延伸為街頭的衝突。但兩岸交流的重點不是簽署儀式的杯觥交錯，兩岸交流始於街頭與生活，一九八七年的母親節，六十多歲的老兵何文德，站在街頭，訴求開放返鄉探親。何文德披著白袍，前面寫著「想家」，後面寫著「媽媽我想你」，邊發傳單、邊哭嚎。是不分省籍的臺灣百姓需求，啟動了兩岸往來。

人民才是兩岸交流的主角，賴幸媛一直如此強調，大陸幾次就政治談判發出訊息，她都回應必須要有民意支持。二〇〇九年《兩岸一甲子學術研討會》在臺北舉辦，主辦者是臺灣民間團體，但顯然獲得大陸國臺辦的支持，會議未上場，國臺辦發言人就先表態：「兩岸一甲子研討會是首次在島內就兩岸關心的、包括政治議題在內的各種議題進行綜合性探討，有重要的積極意義。」來臺參加的大陸代表有中共領導人的重要智囊、退休將領與外交官，以及國臺辦官員，研討會中大陸代表都談起了軍事互信機制（CBMs）的建立與政治談判。互信機制是國際政治的老話題，但國際上認為大陸會願意就此與臺灣磋商的聲音不多，例如被視為與美國國防部頗有淵源的葛來儀，便認為大陸不可能與臺灣協商軍事互信機制。馬政府才執政一年多，大陸對臺當局便放風聲想談政治議題，這舉動異常敏感，也讓人意外。

會外我聽到個別大陸智庫學者對臺灣政局的擔憂，有人說，大陸應該趁著馬總統執政，透過協議處理兩岸關係的定位，把臺灣框住，讓兩岸關係不因政黨輪替而生變。同時也有聲音認為，大陸應該放慢和臺灣簽署各項經濟協議的腳步，以免馬連任失敗後，新上臺的民進黨政府承接了這些協議的好處。馬政府當時剛經歷八八風災，聲望墜落，大陸都看在眼裡。賴主委與陸委會同仁商量，此波輿論盡是大陸代表的聲音，臺灣政府的聲音不能缺席，我們給了中國時報兩篇文字，這些文字摘自賴幸媛宴請《兩岸一甲子研討會》兩岸代表時的致詞*，中國時報用專訪主委的形式刊出陸委會對「政權更迭」、「政治談判」的回應。

專訪中，中國時報點出，《兩岸一甲子研討會》中大陸代表對軍事互信機制與政治談判著墨多，反映了對岸對臺海局勢仍心存憂慮，擔心臺灣政黨輪替將使兩岸關係起大變化。賴幸媛主委直言回應：兩岸政治談判條件還不成熟，沒有民意支持，簽再多的軍事互信機制，終究也會無效。她說：

* 賴幸媛宴請《兩岸一甲子研討會》與會代表的致詞，引發大陸方面高度關注。致詞稿的大部分內容將披露在本書第12章。

臺灣的民主成就是我們的驕傲，民主應該是兩岸關係發展中的正向力量；只要尊重臺灣民意，就不用擔心兩岸關係會大倒退。

臺灣是個民主社會，不管是哪一黨執政，都要以民意為依歸，當兩岸經貿交流制度化創造出相當的效益後，臺灣人民就會對目前「先經後政、先易後難、先急後緩」的兩岸制度化協商更有信心，兩岸制度化協商就可以走得長久，一步步把問題解決，只要民意支持，任何政黨都不可能背離這個趨勢。民意的支持與人民的信心，才是最好的軍事互信機制，沒有民意支持，簽再多的軍事互信機制，終究也會無效。

兩岸的和解絕對不可能在軍事武力威脅的陰影下達成。

專訪裡賴幸媛說：「民主政治政黨輪替是常態，不管誰執政，都是臺灣人民的選擇，大陸必須尊重臺灣人民的選擇。」這話國民黨有人頗有意見，認為賴幸媛任國民黨的官卻幫民進黨喊話。這些人認為，兩岸交流是國民黨的資產，是連戰破冰之旅打下的基礎，若民進黨執政，大陸便不該與民進黨政府交流。有人託記者詢問，這句話何人執筆。誰寫的怎會是重點？賴幸媛講出來了，這就代表了她的膽識。賴幸媛用「民意支持」回應「軍事互信機制」，大陸方面也覺得她太保守，對兩岸關係不夠積極，陸方認為是賴幸媛的個人意見，或者她扮演煞車的角色，因為《兩岸一甲子》這麼敏感的會議既然在臺灣舉辦了，就代表總統馬英九不排斥兩岸先以學者交換意見的形式，對此初步討論。

兩岸談政治議題，賴幸媛始終認為臺灣社會尚未有共識。二〇一二年大陸多次強調兩岸應「增進政治互信」，賴幸媛則藉著第八次江陳會的機會，對陳雲林說，互信一定要有社會基礎，要以民意為依歸，人民的互信是深化兩岸互信的關鍵。當記者詢問這話的用意時，陸委會同仁和我給了媒體兩段文字：

陸委會官員表示，賴幸媛強調「人民的互信」與大陸的「增進政治互信」並不衝突，只是向大陸當局呼籲，沒有民意基礎的互信，將會是地基不穩的樓閣。大陸方面自從今年一月下旬開始，便幾次強調兩岸應「增進政治互信」，在互信議題上，大陸一再強調「政治」，而臺灣則是重視「社會」，可見臺灣政府較看重兩岸關係的長遠發展，更在乎如何走得穩健。

陸委會官員表示，賴幸媛強調的「社會基礎、民意依歸」，正是馬英九總統主張「以臺灣為主，對人民有利」的一貫立場，民意的支持才是推動兩岸關係的關鍵動力。

第二段文字裡提到總統，以示尊重。把馬總統講過的話抓來當護身符，也有趨吉避凶的用意。第一段文字則是告訴大陸官員，陸委會不是故意讓大陸碰軟釘子，賴主委著眼於大局，在乎的不只是當下的進展。

賴幸媛老打民意牌，中共官員感嘆，他們說賴幸媛老是潑冷水，指責賴幸媛躲在民意後面，不夠積極。我曾當面回應他們說：

賴幸媛推動陸配權益改革，陸委會一天就接到兩百通抗議電話，臺灣民眾說，臺灣人都沒工作了還把工作給大陸人。這是正面迎戰社會成見、逆勢推動改革的作為，賴幸媛做到了。政治人物有責任引領民眾，但要先把民意現況搞清楚。

對於臺灣社會形勢，我的看法與對岸官員不太一樣。

06

被裁贓的國旗

這面國旗原來是在中華民國首都南京市，一九四九年四月二十三日給共軍拉下來的，那就請你們的國民黨主席或榮譽主席送到南京去吧？不敢去送就是鼠輩，是背叛蔣總裁的國民黨叛徒！

林保華，二〇一〇年十一月十二日〈國旗在哪裡就在哪裡？〉，林保華部落格

每次江陳會在臺灣舉行，中華民國國旗就成為爭議焦點，平時說中華民國是流亡政府的民進黨，一遇到大陸海基會會長陳雲林來臺，捍衛中華民國國旗的姿態便

激昂。

二〇〇八年第二次江陳會在臺北，有群眾衝上公路陸橋抗議，想讓路過的陳雲林車隊聽到反對的聲音，警察驅離抗議民眾，把他們手上寫著「不歡迎共匪」的標語布條、木條，以及一面中華民國國旗，都扯下來沒收。警察針對的是抗議行為，但警察沒收中華民國國旗的畫面，新聞發酵，被解讀成了「禁止拿中華民國國旗」，反對黨與網路輿論群情激憤。陳雲林與賴幸媛會面的國賓飯店前國旗飄揚，陳雲林車隊途經處，臺北賓館與中山南路也可見國旗，國旗沒有因為陳雲林來臺而收起，但高喊「國旗在哪裡」的批評者無視這些國旗的存在。

第四次江陳會在臺中舉行，警方針對抗議者畫了示威管制區，禁止進入，讓抗議的石頭、保特瓶丟不到大陸官員，但抗議的聲音大陸代表團可以聽到。有記者問陸委會主委賴幸媛，民眾可不可以在管制區裡揮舞國旗，記者逼問：請回答可以揮國旗或是不可以。當場我想到了金庸武俠小說主角韋小寶詰問對手的一段話：

韋小寶道：「你說島上眾人造反，教主和夫人被捉拿了起來，夫人全身衣服給脫得清光，在島上遊行示眾。教主給人倒吊了，掛在樹上，已有三天三晚沒喝水，沒吃飯。這些話，你現在當然不肯認了，是不是？」對這句問話，點頭也不是，搖頭也不是，高尊者滿臉通紅，皮膚中如要滲出血來。

這問題包含了錯誤的前提。

第六次江陳會，陳雲林三度訪臺，他參觀臺北花博，現場就矗著一整排、大面的青天白日滿地紅旗。我特別要求陸委會同仁拍下陳雲林與國旗同框的照片。鏡頭裡他一副視而不見的神情。

國旗紛爭不僅於此，兩岸交流繁多，的確有民間團體或學校在接待大陸訪客時，為了不讓對方尷尬，主動收起會議室或禮堂裡陳列的國旗，陸委會三令五申、指名糾正。其實民進黨面對大陸訪客也是「以客為尊」，大陸智庫或國臺辦官員不方便進入民進黨中央黨部，民進黨幹部會另外安排碰面場所，避免讓訪客尷尬。

執政的馬政府沒有因為大陸代表團來訪而收起國旗；民進黨在大陸代表團訪臺時以國旗作為抗議符號。雖然對於中華民國是什麼，國民兩黨認知有歧異，但面對中國大陸，中華民國國旗，成了朝野共識，國旗是個可以妥善利用的工具，但面對這個政治符號，無須高喊認同，人民也沒有崇敬的義務，國旗如同國家，管它叫中華民國還是臺灣國，皆是促成人民幸福的工具，不是拿來愛的。

小時候我拒絕為國旗與國歌起立。唸高中時，同學們蹺課到戲院，一群男生起鬨想看的，當然不是史詩般的《教父》，而是三級片。那個年代電影院放片子前，都會先播國歌短片，觀眾起立肅靜。我常拒絕起身，遇過幾次有人拿東西丟我。我心裡喊冤，愛國又不是愛女生，幹嘛非得有行動表示，愛在心裡就好，何況，莊嚴肅穆的國歌和國旗畫面之後，就是赤裸裸的妖精打架，前一刻，大家全身起立，下一刻，觀眾下半身起立，成何體統。長大後，我拒絕示愛的青天白日滿地紅，是我在籌製陸委會文宣的常用元素，因為這是面對中國大陸表達我們立場最簡明爽快的標誌，用起來我一點也不遲疑，唯一的困擾，青天白日滿地紅的彩度太高，不適合搭配文青呢喃的設計風格。同樣的理由，二〇一六年，我在新北市府工作，朱立倫市長派我代表市府到倫敦出席聯合國國際金融公司的頒獎典禮，當大會宣布新北市與朱市長獲得世界轉型城市首獎時，我西裝上別著國旗胸章上臺領獎，對著麥克風我說，我來自中華民國新北市。在國際與兩岸場合，有必要大聲示愛：這旗子裡帶有臺灣人的感情，你中共抹不掉。

第六次江陳會將結束時，陸委會贈送大陸代表團人手一袋紀念品，裡面就放了陸委會宣導短片《主權篇》光碟，片中有青春美女也有街舞少年，用饒舌歌曲高唱「中華民國是個主權獨立的國家，臺灣的命運兩千三百萬人來決定。」國旗頻繁出現在畫面，在年輕人的臉頰、拳頭，在歡騰的群眾裡。江陳會結束大陸團退房後，同仁特地一間間查看，看大陸代表有沒有把光碟揀出來丟掉。國旗議題，陸委會不會「以客為尊」，但也不是故意向大陸挑釁，陸委會要讓對岸官員多感受些臺灣人的認同與情感。

二〇一〇年十月，亞洲大學男子籃球賽在開南大學舉辦，代表臺灣的中華隊與大陸的中國隊對戰之夜，比賽到第三節，中華隊氣勢猛亢，全場情緒高昂，有大學生拿出中華民國國旗猛搖，大會人員上前制止說，比賽規定不能搖國旗。為讓比賽繼續，搖旗的學生只好收掉國旗。隔天開南的學生們在球場前的車道旁插滿國旗，中國隊遊覽車一進校園，看到旗海停了幾秒，掉頭走人放棄比賽。輿論上盡是聲音指責馬政府傾中賣臺，罵在臺灣的賽事，連揮舞國旗都不行。

陸委會立即找了籃球明星拍宣導片，影片主調：贏球讓我驕傲，國旗讓我榮耀，在臺灣土地上打球，有國旗加油就是對球員最大的加持。我藉著新聞稿對大陸發言：「來臺灣參訪的大陸人士必須正視中華民國是個主權獨立國家的客觀現實，只要一踏上臺灣，就必須面對四處皆有中華民國國旗的情形。應該理解臺灣人民的共同認同，就是認同中華民國。」我真正想說的是，要嘛你們就不要來。短片發佈記者會上賴幸媛主委強調，「國旗原本在哪裡，就在哪裡」。這支影片裡，特別放上馬英九總統說「中華民國當然是個主權獨立的國家」的畫面，我們藉影像挾天子以令諸侯，拿總統說過的話框住府院長官與各部會，提醒他們站穩立場。

特別是國立故宮博物院，該院與大陸交流常自失立場，例如把機關名字裡的「國立」兩字拿掉，也曾為了遷就大陸來賓，拿掉建國百週年活動裡應有的國旗標誌，而對方也不過是副部級官員。

話說二〇一〇年的亞洲大學籃球賽，如同許多國際賽事，援引奧會模式，禁止中華民國國旗出現在會場內，規定觀眾席也不行。其依據是奧林匹克憲章第五十條第二項規定：「任何政治、宗教以及種族抗議都不被允許在奧運會場地、場館或其他地區出現。」國際奧委會公開表示過，此為奧會活動的標準規範。因為中華民國國旗不是中華奧會的會旗，被認為僅是政治符號，所以幾次國際賽事，即使是在臺灣舉辦，觀眾席上也不得出現。國際奧會的立場也是臺灣賽事舉辦單位的立場，他們不敢不遵守，怕失去主辦權。開南事件中，陸委會態度強硬，立場不同於主辦單位，我們覺得，在臺灣土地上的比賽不能拿自己的國旗加油，吆喊起來就是不對勁。陸委會劉德動副主委說，觀眾席上可以有中華民國國旗。

劉副主委的說法有法理依據，在觀眾席上拿國旗，只要行為和平不影響到他人，應屬言論自由範疇。二〇一六年巴西聯邦法官有判決，看法與劉副主委一致，法官認為巴西奧運觀眾席上的政治標語屬於意見表達，只要行為和平就該受保護。劉副主委的說法不是暴虎馮河，故意挑戰奧會憲章，說這些話的同時，陸委會費心盡力地讓大陸理解，事涉臺灣人感情，茲事體大，國際賽事那麼多，以後每次到臺灣舉辦，就來一次國旗事件，如此衝突何益於兩岸關係？只要大陸少吵兩句，國際體育組織就不會干涉臺灣觀眾拿國旗。

體育是國族主義的集體展現，國際奧會想要裝得清純無辜、與政治無涉，不可能。一九三六年的奧運，希特勒藉此宣揚國力、強調亞利安種族的優越。一九六八年墨西哥奧運，黑人選手史密斯與卡洛斯贏得兩百公尺的金牌與銅牌，頒獎典禮時他們舉拳向黑人民權致敬，銀牌得主澳洲白人諾曼也表態支持，觀眾席噓聲四起反對他們的行動，國際奧會隨後嚴正譴責兩名黑人，但四十五年後，國際奧委會在二〇一三年發表聲明讚揚：「除了得到獎牌之外，這兩位運動員更透過對種族歧視的抗議行為而獲更多關注。」

體育就是政治，場內運動員競技，場外陸委會、體委會直接間接地與大陸協調，國際賽事在臺灣舉辦時，臺灣觀眾可以持中華民國國旗，成為兩岸默契。若有大陸體育官員寧左勿右出狀況，陸委會便聯繫對岸，商請控管。可惜臺灣政權輪替，民進黨上臺後，默契破功，二〇一八年在臺灣舉辦的亞足聯五人制足球錦標賽，亞足聯要求球迷進場不得持包括中華民國國旗在內的政治性符號與標語。

馬政府時代，民進黨某些政治人物面對青天白日滿地紅旗，境界已臻戀物癖。二〇一〇年陳雲林來臺時，有議員沿路檢查，查看陳雲林座車行經路線的公家單位，是否掛了國旗。結果發現兩個派出所沒掛國旗。後來警局澄清，一處是屋頂施工無處可掛，一處是工友忘了。政治人物這份對國旗的癡狂，不知為何沒在他們自己執政後延續。

陸委會說國旗在哪裡就在哪裡，在立法院常被民進黨委員調侃，他們說，國旗又不能拿到中國去，也不能拿到國際去，只能自己關起門來用，可見馬政府大陸政策失敗。立委的描述沒錯，以我國駐英代表處為例，座落於倫敦維多利亞車站旁，建築物外面無法擺設國旗，國旗只能擺在室內靠窗處，路過的行人，往屋子裡面看才看得到。但這處境不是賴幸媛擔任陸委會主委所造成的，與馬政府何關？六十年來兩岸關係一直如此，臺灣國際處境艱難已久，要檢驗大陸政策成效，應該看看此時情況比起前朝，是否有進展。

國旗爭議，二〇一〇年陸委會與對岸協調時，清楚告知，我們的籃球隊、棒球隊，名叫中華隊，這稱號已表明與臺獨無涉，不會因為觀眾席上有了中華民國國旗，中華隊就變成臺獨隊。至於選手持的中華奧會會旗，那是被迫接受的，臺灣人民與它沒感情。禁止臺灣民眾持國旗加油，結果就是逼使他們去拿八菊旗；否定中華民國的存在，就是驅使臺灣人走向臺獨。

陸委會訴諸臺灣人民的情感，中共該理解且重視。他們曾以窮人翻身為口號，號召中國人民起義建立中華人民共和國政權，他們應懂得人民的情感。一九七九年元旦，大陸的人民代表大會常務委員會發表《告臺灣同胞書》，談到「寄希望於臺灣人民，寄希望於臺灣當局」，言下之意，他們不會只與國民黨打交道，國民黨不等於臺灣人民，中共在乎爭取臺灣民意。

政策必須訴諸基層，但有些沒有基層生活歷練的府院長官，不知草根為何物。

賴幸媛曾向馬團隊提及這現象，打過選戰者直接了當地說：「我知道，他們太統了。」這評語尖銳精準。

07

談判賽局

國際協商的政治，可以設想成是一個「雙層賽局」。在國家層次，國內的團體施壓政府，要求談判時採行有利於他們的策略，以獲得利益；政治人物則藉著與國內團體結盟以鞏固權力。在國際層次，政府把負面影響最小化的同時，尋求利益的最大化以滿足國內的壓力。只要（談判的）國家相互依存且又各自獨立，雙邊中央政府的決策者都不能忽視這兩層賽局。

普特南（Putnam），一九八八年

《外交與國內政治：雙層賽局的邏輯》

與大陸協商，臺灣到底有何籌碼？該軟？該硬？談判的兩難，對外關係的基本課題。軟容易自失立場，但達成協議較易；硬可堅守立場，但難達成協議。約翰・霍普金斯大學榮譽教授威廉・札曼（Ira William Zartman），國際關係學者，他寫專著談預防性外交，何時該軟，何時該硬，著重討論個案當下的情境。談判的一方必須考量自己的處境，與對手權力均衡、勢力相當？或是彼強我弱，權力不對稱？這場談判是囚徒的困境賽局（Prisoner's Dilemma Game）？還是懦夫賽局（Chicken Dilemma Game）？

以懦夫賽局為例，青少年成長電影《伴我同行》（Stand by Me）中的畫面最經典：飆車少年開著敞篷車與迎面而來的大卡車相向疾駛，看誰會先讓開，誰會堅持不讓，冒著對撞喪命的風險。如果大卡車司機與敞篷少年都拒絕退讓，結果就是兩車對撞，雙方皆輸。如果一方先退，退的人輸了，但結果還是比對撞好。如何在這個懦夫賽局的贏利矩陣（payoff matrix）裡不喪命，且得到我贏彼輸的結果？李前總統時代的國安會副祕書長張榮豐曾教我，把方向盤拔掉，讓對方看到你只能直行無法改變方向。

兩岸協商不純是懦夫賽局，常常是賽局裡還有賽局，多種賽局加疊，但讓對岸看到「我方雙手綁住」（our hands are tied），無法改變底線，是陸委會常用的策略。我們常以民意為理由，拿臺灣的立法院為藉口，請大陸退讓，避免兩岸相持不下而對撞，也藉此爭取立法院與臺灣民意的支持，讓兩岸制度化協商可以繼續走下去。陸委會面對的處境，如同政治學者普特南描繪的雙重賽局。主委賴幸媛描繪得很具體：我們同時要面對好幾盤棋局，大陸、美國、臺灣的民意，以及馬政府的內部政治。棋局縱橫捭闔，但萬變不離其宗，臺灣最大的籌碼是我們的民主制度。

二〇〇八年兩岸協商直航，大陸希望在《海峽兩岸海運協議》與《海峽兩岸空運協議》的生效條款寫下「自雙方簽署之日起七日後生效」，愈早生效愈好，以防夜長夢多。但我方談判團隊說服大陸官員，依臺灣的兩岸關係條例規定：「主管機關於實施臺灣地區與大陸地區直接通商、通航及大陸地區人民進入臺灣地區工作前，應經立法院決議；立法院如於會期內一個月未為決議，視為同意。」協議簽完後得送到行政院核定，然後送到立法院。臺灣作為民主社會，立法院這關躲不掉，行政機關的作為得受民意機關監督，誰都無法改變這事實。我方估計，要完成整套法律程序，需要四十天，後來雙方達成共識，這兩份協議的生效條款寫的是「本協議自雙方簽署之日起四十日內生效。」

二〇〇九年簽署《海峽兩岸共同打擊犯罪及司法互助協議》時，生效條款寫的是：「本協議自簽署之日起各自完成相關準備後生效，最遲不超過六十日。」從四十天改為六十天，考量臺灣當下的政治氣氛，並根據兩岸條例第五條：「其內容未涉及法律之修正或無須另以法律定之者，協議辦理機關應於協議簽署後三十日內報請行政院核定，並送立法院備查。」所以把日子拉長了。

生效條款並新加了「各自完成相關準備後生效」，這句話，以前沒有，意思是「完成相關程序後生效」，指的是行政院核定與立法院備查。共打協議的生效條款比起以前的協議，進一步體現了我方的制度規範與立法院的職能。

二〇〇九年下半年，協商《海峽兩岸農產品檢疫檢驗合作協議》時，我方爭取將生效的期限押在九十日，等到二〇一〇年簽署《海峽兩岸經濟合作架構協議》時，協議裡的生效條款就不押日期，我方行政單位也不去推算立院走完相關程序所需的天數，直接寫著「本協議簽署後，雙方應各自完成相關程序，並以書面通知另一方。本協議自雙方均收到對方通知後次日起生效。」而且用「程序」兩字取代了「準備」。這款條文清楚表明了對立法院職權的尊重，簽署雙方的政治主體性也比以前更彰顯，代表著兩個政治實體，兩個政府。

從直航協議的「自雙方簽署之日起四十日內生效」，到不畫押日期、不設定期限，兩岸談判團隊相互尊重對方的政府制度。兩岸能形成共識，參與協商的副主委們是關鍵，他們長期的公務員經歷，得以準確掌握行政與立法互動的微妙關係，並費心向大陸代表解釋臺灣特有的政治生態。兩岸協議協商過程中，大陸無法迴避我們政府體制裡立法與行政制衡的憲政關係；因為兩岸務實協商，大陸即使不承認中華民國政府的存在，但也無法否定。

陸委會主委賴幸媛對底線的堅持，也常得致兩岸雙贏的正面結果。二〇一二年六月十八日臺灣人鍾鼎邦在江西贛州遭當地國安機關拘禁，隔天中午鍾先生在大陸的親屬接獲通知，被安排與鍾先生碰面，當晚鍾先生並與他的太太以電話聯繫。也就在這天鍾先生家屬向海基會陳情，要求援救，海基會立即著手聯繫對岸，我政府相關機關等不及正式發文，即時透過簡訊與電話便展開了與對岸政府機關的聯繫。此後的一段日子裡，與大陸相關單位聯繫處理鍾案的至少就有陸委會、法務部與海基會。

此後一段時日，我方政府機關與海基會持續與對岸密切溝通、公開要求陸方「必須正視並嚴肅面對，尊重人民對於思想、言論自由與基本人權的普世價值，踐行正當法律程序。」法務部也指責對岸沒有依照《共同打擊犯罪及司法互助協議》即時通報法務部。

事態逐漸明朗，我方同仁在聯繫處理的過程中可以感受到對方對這個事情沒有掉以輕心，逐步看到對方著力的結果，包括陸方於七月五日同意鍾先生在臺的家屬赴陸探視，十一日進一步同意並安排家屬聘請的大陸律師會見當事人。但中國大陸有其複雜的內部政治生態，國臺辦作為大陸在兩岸關係上的牽頭機關，協調處理的確要花不少時間與力氣。日子一天一天過，臺灣與國際輿論的力道也增強，臺灣的NGO、公法學界與民意代表不分藍綠統獨共表關切，這也是我方機關面對陸方的一個籌碼。但當時很多聲浪三分罵大陸時，七分痛責陸委會，質疑政府未積極交涉、發言不夠強硬；作為第一線的主其事者，陸委會以當事人的平安返臺為優先考量，有些民意代表習慣以情緒性的形容詞辱罵對岸來凸顯自己在大陸議題上的勇猛，這種勇，是勇於讓他人死，自己遠遠地窩在臺灣沒事，陸委會不能這樣做。

鍾案期間，正也是《海峽兩岸投資保障和促進協議》協商收尾的階段，投保協議的重點之一在人身保護，相較於國際間的類似協議，例如《「中」日韓投保協定》，我方要求兩岸投保協議在人身自由保障上要有更廣泛、周全的規定。後來兩岸達成共識：一、擴大人身自由保障的範圍：不只保障臺商，也保障其家屬；不只保障臺資，也保障經由第三地投資的臺灣人；二、讓臺商在大陸享有超國民待遇：按照大陸的刑事訴訟法，犯罪嫌疑人若涉嫌危害國家安全、恐怖活動，逮捕、居留的機關可以在「有礙偵察」的情形消失後才通知當事人家屬，意思是偵察執行機關有很大的裁量權決定何時才通知家屬，「中」日韓的投保協議給予日商、韓商的國民待遇，便受到這一項規定的限制。但兩岸投保協議則明確定出二十四小時的通知期限，只要是臺商就得以享有，這是優於日商、韓商以及大陸人的超國民待遇。這些內容見諸於兩岸共同發表的《人身自由與安全保障共識》，這份共識等於投保協議的人權專章，我們與中共交手竟然能就人權議題達成白紙黑字的共識，那時美國國安官員非常驚訝，頻頻探問臺灣到底是用什麼策略而取得如此進展。

當時在賴幸媛的要求下，我方機關把鍾鼎邦案與投保協議綁在一起談，兩案互為籌碼。一方面我們以鍾案為例，凸顯人身安全的確是兩岸需要迫切處理的重要項目；同時陸委會明確地向對方高層表示，鍾案若沒圓滿解決，投保協議談得再好也沒用，枉費兩岸那麼多次的往返磋商、字斟句酌、耗神耗力的談判；鍾案若可以圓滿解決，可以強化投保協議的公信力，在兩岸人民面前展現在九二共識基礎上制度化協商的具體成果。

賴幸媛主委透過陸委會同仁直接向國臺辦傳達：一、希望王毅主任介入協調大陸國安單位；二、鍾鼎邦獲釋，接下來的江陳會才有舉辦的意義。賴主委態度很硬，已經制度化進行了七次的江陳會如果停辦，這將是兩岸關係的大波瀾，國際矚目，賴幸媛不是虛張恐嚇。但國臺辦表現也頗積極、強勢。在對岸公安通報我方法務部之前，國臺辦就主動通知陸委會，表達這是國臺辦對陸委會的善意（依兩岸協議規定，以及兩岸協商的規矩，國臺辦與陸委會不能直接聯繫，遑論主動通知陸委會）。陸委會主管同仁接獲國臺辦通知的當下也表達：

一、希望不要把鍾案無限上綱為國安案件。
二、大陸應對外公開說明。
三、雙方共同努力。
四、大陸應遵循正當程序。
五、當事人要聘律師，大陸應協助。

陸委會與國臺辦並達成共識，讓家屬瞭解，兩岸機關間的聯繫才是權威的管道，兩岸必須合作控管某些往來奔走的掮客。當時陸委會與國臺辦在兩岸談判場上競爭、較勁，甚至會透過媒體互相譴責，但兩個機關也建立起可以務實地解決問題的祕密管道，兩個機關透過互動，在對方眼中建立起相當程度的公信力與權威。

八月九日，就在兩岸江陳會登場前，賴幸媛公開表示：「政府非常關心鍾鼎邦案，也在許多場合都提到政府的立場，要求公權力進行協處。而兩岸透過常態性的機制，機關對機關的努力，是最有效的。」言下之意是兩岸的政府已經談定了，鍾鼎邦先生將重獲自由，兩岸常態性的機關對機關的機制才是真正把人救回來的管道。兩天後鍾鼎邦獲釋返抵臺灣。

二〇一〇年兩岸協商《海峽兩岸醫藥衛生合作協議》，賴主委認為健康是人權，因此要求協議裡必須放入「基於普世價值」或類似的表述，但大陸反對在兩岸協議裡面有「普世」或「國際」的文字，他們一向主張兩岸關係不是國際關係，不是國與國的關係，兩岸是特殊關係，兩岸協議必須體現兩岸關係的特殊性，不須牽扯「國際」之類的字眼。同時，我們也理解，大陸不喜歡「普世價值」，有其意識形態的考量：中國共產黨曾是馬克斯主義者，從左派的立場檢視西方社會的所謂價值，會認為西方的「民主」、「普世價值」，往往只是服膺於金權政治，為資產階級服務的口號而已，與「普世」福祉無關。因此我也嘗試讓陸方理解，賴主委提的「普世價值」，實質內涵是「健康人權」，這正是中間偏左，傾向社會主義的理念，與西方價值不同。陸委會同仁授命向陸方提出替代方案，用「人類共通價值」替代「普世價值」，陸方仍不接受。簽約儀式的表定日期逼近，條文已經大致談妥的協議，就因為序言裡的文字涉及意識形態立場，無法定案。某日深夜，在陸委會辦公室，賴主委不放棄，告訴負責協商的處長同仁，再次跳過海基會與海協會搭建的協商平臺，直接與大陸的對口官員通話，明確表示：「賴主委說，如果大陸那麼不喜歡把人類放入協議，那就放阿貓、阿狗、阿豬好了，兩岸一起讓國際看笑話。」同仁回報，電話那端的對口不禁笑了。

二〇一一年我赴陸拜訪國臺辦時，帶著幾個議題拜會王毅主任。那陣子大陸的省市交流團赴臺頻繁，有時一個月就有三團，週週都有他們的活動，這個省的典禮與那個市的論壇撞期，擠在一起。交流團隊伍規模大，一個省市團由十幾個或幾十個專業交流團體組成，總人數近千，一趟臺灣行，動輒簽下三、五十個合作備忘錄（MOU），宣稱採購臺灣工、農產品一、二十億美元。對臺殷切友善之忱，唯恐無人知，購買臺灣媒體版面，新聞置入做宣傳。大陸團高調炒作兩岸交流熱絡的氛圍，後遺症多，ＭＯＵ這種湊業績的形式主義作法，實益可疑，有些採購項目，量似龐大，卻無法履約。例如某省市採購豬肉，問題是臺灣有口蹄疫，生鮮豬肉無法銷陸，採購數字是灌水帳。這類一次性的採購，大陸一擲千金面不改色，整體算起來也不到臺灣出口大陸總額的百分之五，更無助於建立長期穩定的、制度性的兩岸經貿關係。賴主委要我跟國臺辦王毅主任說，省市團浮誇，臺灣人民觀感不好。

行前賴主委囑咐，向王主任要求，省市團不要來那麼多，以後最多一個月一團。我心想，這喊價未免太高，太強人所難，國臺辦不會答應。沒想到賴主委覺得還不夠，她說，一月一團還是多，這樣好了，你跟王主任說，從現在開始到年底前最多就再來五團。對賴的要求我心存疑，但主委如此命令，我得忠實執行。拜會王毅時，沒想到他爽快地就說好，就是五團，他來控管。他還提醒，接下來會到臺灣的省級領導中，有兩位年輕、優秀，勝於他省幹部，值得關注。這議題，我本來戰戰兢兢，繃緊身體應戰，王毅只花了兩言三語，一、兩分鐘就談完了。

王毅的能幹超乎我預期，證明他很清楚大陸團在臺的言行，而且他權力大，夠強勢，那些競相赴臺的省市諸侯，他協調得下來。我也訝異王毅與賴幸媛在這議題上竟然頻率一致，都體認到了，大陸老是讓臺灣人民覺得財大氣粗，對兩岸關係不好。這樣的體認，不管是馬政府、國民黨，很多人都沒有。減少省市團？陸委會怎麼又在兩岸關係上澆冷水？國民黨大老們一定會這樣說，罵賴幸媛是擋路的石頭。他們的心態裡，根本不會想到，要與對岸合作控管交流團。最讓我佩服的是，賴幸媛的喊價。我原本心裡還不以為然，認為談不下來，結果王毅接受，證明賴幸媛判斷精準。賴幸媛對談判底線，有種近乎直覺的精準，而且相當堅持、強勢，直到達到目的。

國際經貿協商是賴幸媛的強項，記得貨貿協議協商初期，兩岸團隊初步意見交換，整個協議架構繁難內容瑣雜，她一下就點出我們團隊的關鍵疏失。我一向認為我有些能力強過她，但她經貿協商的天份，我坦承不如。這本事，與人格特質、她受過的國安訓練、國際經驗應該都有關。她的精準，挾帶著不輕易放棄的咄咄逼人。

08

賴幸媛不夠統

人事佈局錯誤的第一步——賴幸媛。

馬英九既未徵詢，也未事先告知，這樣的操作手法，不僅讓連戰感到難堪，也讓大陸感到驚訝與不解。馬英九此舉，無異是在告訴大陸，連戰不會是他兩岸的溝通管道。這項任命等於是拿一桶冰水倒在大陸頭上。

任命賴幸媛必然衍生兩個後果：（一）無心經營兩岸政策論述；（二）兩岸團隊的摩擦係數增加，無法發揮團隊合作，使政策效果大打折扣。

馬紹章，二〇一六年七月十六日

〈發展不出兩岸論述的好人——馬英九〉，風傳媒對於中國大陸，如何強硬或如何折衷妥協，馬政府內部一直意見紛歧。

馬英九總統交卸政權後，蘇起與和馬紹章都出書批評他的大陸政策。蘇起曾是總綰外交、兩岸與國防的國安會祕書長，馬紹章曾任海基會副祕書長，參與起草總統的演說文稿，兩位皆是近身大臣，如此直言令人敬佩。蘇、馬兩人有個共同論點：二〇〇八年時馬總統不該任用賴幸媛當陸委會主委。蘇起不諱言他曾頻繁地向馬陳述反對意見；馬紹章在他書裡表明，任用賴幸媛是馬在大陸政策人事佈局的錯誤第一步。他們之前與賴幸媛不曾往來，反對賴，我相信是謙謙君子就事論事，因為賴幸媛主委曾向我描述她對蘇起等人，二〇〇八年時馬英九周遭人事的看法，她認為，比起她曾共事的某些民進黨政務官，這圈子的人正直，她用了integrity這個字。我則認為，政治上還是民進黨人較能幹。

馬紹章說，任用賴幸媛，兩岸團隊的摩擦係數增加，無法發揮團隊合作，使政策效果大打折扣。這論點我不贊同。兩岸協商，臺灣是否有所斬獲，端看我方實力、籌碼與談判策略。兩岸之間，偌多議題上目標各異，交鋒過程盡是爭辯，談判不是順從，臺灣不可能拿對方的意志來作為我方的底線，也不應當聽憑對方的眼色。馬紹章的看法，恰好陷入中共的談判策略。中國大陸善於以私誼為基礎綁公務，穿梭往來兩岸的臺灣人往往因此畫地自限，讓對方步步逼進。

前美國國務院助卿，掌管東亞與亞太事務的索樂文（Richard H. Solomon），有專書分析美國與中國官員交手的經驗，中譯本的書名是《索樂文報告：中國談判行為大剖析》。索樂文觀察，中國大陸在政治談判時，首先會在對方陣營裡挑選友善的對手，建立個人友誼，加以籠絡，然後施以壓力，讓對方順從，以達成談判目標。「交朋友」是中國大陸談判手法的關鍵環節，太重要了，索樂文因此拿來當作書名，《索樂文報告：中國談判行為大剖析》書名原文就是「中國談判行為：透過老朋友追求利益」（Chinese Negotiating Behavior: Pursuing Interests Through 'Old Friends'）馬紹章希望兩岸談判團隊少摩擦以發揮團隊合作，這符合中國大陸談判團隊對「老朋友」的期待。

馬紹章認為任命賴幸媛必然衍生「無心經營兩岸政策論述」的後果，蘇起也有類似的說法，他說賴幸媛只講兩岸協議的經濟效益，沒有講政治效益，沒有政治論述。蘇起的批評，他任職國安會祕書長時便講過幾次。二〇〇九年六月二十二日在總統府的會議，他就強調「今年下半年的宣傳重點是國際關係的改善」，之後也是在總統府的會議上，他要求陸委會必須針對民進黨立委、民進黨四大天王的批評積極反駁。蘇祕書長有其總攬全局的高度，但輿論有其節奏，當民眾擔憂會失去工作、產業受創時，陸委會宣傳「衛生署長出席世界衛生大會」等成就，當然重要，但不該是唯一重點。此外政府文宣不該淪為口水戰，你一言我一句，讓民眾反感。陸委會不是沒有做，只是沒有講出他覺得應該講的話。

陸委會的政治論述雖沒有鋪天蓋地，然而民進黨與中國大陸忙著盯著看：民進黨不放過立院質詢時與陸委會鬥嘴的任何機會；大陸涉臺單位則拿著放大鏡檢視陸委會的一語一言，若說陸委會沒論述，何以對手們如此在意？

賴幸媛任職主委期間，陸委會關於九二共識的標準說法是：「政府推動大陸政策，在『九二共識，一中各表』基礎上恢復兩岸制度化協商，一中就是中華民國。」賴主委在重要場合，包括幾次在美國智庫與歐洲議會演說，都會如此強調。短短幾字，不是來自單一幕僚的作文，其中「制度化協商」與「一中各表」是關鍵句中的關鍵詞。

「制度化協商」，指的是《兩岸空運協議》、《共同打擊犯罪與司法互助協議》、陸客來臺觀光等議題的協商。馬政府時期，兩岸協商並簽訂了二十三項協議與兩項共識。在「協商」兩字前加上「制度化」，是陸委會傳棟成副主委的神來一筆，意味著這些協商不是一次性的行為，而是制度化的機制。在臺灣方面用了「制度化協商」後，大陸也跟著用。例如二〇〇九年舉辦的第四次兩岸兩會高層會談，也就是俗稱「江陳會」的臺灣海基會與大陸海協會的會談，國臺辦發言人范麗青表示：「……這次會談的成功，說明兩會制度化協商機制日益成熟完善。至此，兩會自去年六月恢復商談以來共計簽署十二項協議，達成一項共識……」這是兩岸關係緩和時的大陸發言。在兩岸關係緊張時，大陸仍以「制度化協商」來稱呼兩岸間的協商，國臺辦發言人馬曉光在二〇一六年十一月發言：「針對臺灣無法出席國際刑警組織大會，由於大家知道的原因，兩岸制度化協商交往機制停擺，所以臺灣參與國際組織活動的問題難以處理。」

兩岸間的協商，名義上是海基會與海協會的協商，實際上協商的主角是政府官員；名義上是兩個民間團體間的協商，實際上是政府機關對政府機關的協商。以貨貿協議為例，臺灣方面陸委會、經濟部、農委會、財政部、衛生福利部都參與了協商；海基會則負責聯絡大陸的海協會並安排行程。協商有勃谿也有抬槓，大陸海協會傳真給臺灣海基會的協商名單，團員的頭銜都寫著「海協會專家」，然後用括弧註明真正的官方頭銜，例如「商務部臺港澳司司長」，臺灣海基會傳真給大陸的名單，人名後面則直接冠上官銜，例如「陸委會經濟處長」。大陸海協會收到臺灣傳去的名單，總皺眉頭，會向海基會反應，要求臺灣方面傳名單過去時，不要直接用官方頭銜，團員名字後面應該先冠以「海基會專家」之類的職稱，臺灣對此從不理睬，下次傳名單時依然故我。

兩岸協商，臺灣方面刻意彰顯協商過程的官方角色，大陸則凸顯「民間對民間」的形式，但兩岸都用「制度化協商」來定位此一體制化（institutionalised）的機制。

「制度化協商」，臺灣輿論少揭露這辭的政治意涵；「一中各表」則眾所矚目，爭議不斷。

對國民黨政府而言，九二共識就是一中各表，為了強調一中各表的意涵，總統馬英九、陸委會主委賴幸媛常在公開場合說，一中就是中華民國。這句話法理基礎來自中華民國憲法，憲法是中華民國政權立命安身臺灣的依藉，儘管國際政治上，一中的詮釋權為中共所壟斷，全世界多數國家都認為中國就是在大陸的中華人民共和國，「一中就是中華民國」的說法，臺灣年輕世代覺得悖離現實、不切實際，但

「一中就是中華民國」是臺灣對抗中共「一中原則」的重要政治宣示。

陸委會常向大陸方面強調，必須重視中華民國存在的事實，唯有正視中華民國政府的客觀存在，兩岸關係才能深化發展。翻成白話是，在臺灣這片土地上，我們有自己選出來的政府，有我們自己的治理制度，兩岸關係未來若要涉入政治談判這塊深水區，「中華民國」恰好不是兩岸關係發展的障礙，而是解方；中共若不在這議題上解放思想，兩岸關係還是會停滯、糾葛在主權議題。

大陸方面很在乎陸委會有沒有把帶有一中意涵的九二共識掛在嘴上，我們就趁勢對大陸說，講九二共識，就必須正視「中華民國」，中華民國是臺灣與九二共識的連結，這句話大多時是私下講，偶爾也公開說一下。此話意帶警告：沒有中華民國，臺灣與九二共識就毫無淵源，九二共識對臺灣就沒有意義。因為，法理上，九二共識來自於憲法對兩岸關係的界定，對我們而言，沒有了中華民國，沒有了中華民國憲法，當然就沒有九二共識。現實上，中華民國的存在遏止了臺獨，讓不接受中共統治的臺灣人，可以在臺獨之外，有個「中華民國」的選項。與大陸智庫談話時，我就直言，現在不可能統一，大陸必須在臺獨與中華民國之間擇一。

馬英九總統還曾多次說，一中就是中華民國，「沒有第二種解釋」。二〇一〇年大陸海協會副會長李亞飛在臺灣出席研討會時，原汁原味地講了一次大陸對九二共識的說法：「一九九二年海協會與臺灣海基會達成的，各自以口頭方式表述海峽兩岸均堅持『一個中國原則』的共識。」俗稱「各表一中」，總統府羅智強發言人回應時便強調：「九二共識對我們而言，指的就是『一個中國、各自表述』」；「一中指的就是中華民國，沒有第二種解釋」。對於臺灣方面「沒有第二種解釋」的講法，大陸頗有意見。

某次與大陸官員談話時，對方言語諄諄：「兩岸關係的成果到今天，很不容易，雙方是在九二共識的基礎上，才能展開具體談判……不要把九二共識與一個中國對立起來，好像九二共識是一個中國的對立，這樣的說法不是共識，而是歧異，兩岸不應強調差異。」對方表示，因為歷史的原因，兩岸存在一些分歧，但大陸注意到馬總統曾公開說：九二共識，一中各表，一中就是中華民國，沒有第二種解釋，這樣的說法會造成沒有迴旋的空間，大陸認為不妥。「如果我們也說一中就是中華人民共和國，沒有第二種解釋，那雙方不就弄僵了？彼此都沒有轉圜的餘地。」大陸官員希望兩岸基於對等原則，雙方語言都可以留下一些可以各自解釋的空間。

在那之前，我沒注意到馬英九總統講過這麼強硬的話，初次聽到。大陸官員的說法有其道理，我還是表達了不同意見。我說，大陸哪裡需要強調一中就是中華人民共和國？全世界提到中國，講的就是中華人民共和國，連臺灣的年輕世代也是。賴幸媛主委與蔡英文主席留英的年代，人家問她們哪裡人，那時的留學生自稱Chinese（華人，中國人），自然而然；到了我這一代，英國人問我，我會字斟句酌地說我來自臺灣；我之後的年輕人，就絕對會否認自己是中國人。我強調，共產黨國際上打壓中華民國，連奧會也不能用國旗，民進黨蔡英文主席則說中華民國是流亡政府，共產黨和民進黨聯手讓中華民國不見了，中華民國與中華人民共和國目前的立足點不平等，你們無須強調一中就是中華人民共和國，但處境弱勢的我們就必須強調一中是中華民國，這才是對等原則，總統的話只是強調我們的立場。

陸委會同仁搜尋各式紀錄，發現馬總統真講過「一中就是中華民國，沒有第二種解釋」，還講了不只一次。此後，賴主委在某些公開場合，也就會講「沒有第二種解釋」，既然總統都這樣說了，陸委會就跟著說，不是故意跟中國大陸搗亂，而是有責任提醒大陸，中華民國仍然存在，我們不想在兩岸關係進展的過程裡讓中華民國不見了。我相信，大約那時候，大陸方面也藉既定的管道向馬總統表達，請他不要說「沒有第二種解釋」。之後他是否就從此不說了，我沒細究。

為了凸顯中華民國政府存在的事實，在強調制度化協商成果的文宣上，陸委會也常提到兩岸協議的政治效益：「在兩會架構下，兩岸官方對官方協商並簽署協議，協商以機制對機制、官員對官員方式進行，彰顯中華民國主權存在的事實。」這些文字，多來自劉德勳副主委，有法理上字斟句酌的考量。陸委會強調「官方對官方協商」，大陸方面有意見，我們會說，「官方對官方」前面，我們還是寫了「在兩會架構下」。這些文字充分表現了，兩岸協商，形式是民間，實質是官方，請大陸方面不要太緊張。

在九二共識的基礎上，擱置爭議，兩岸就民生問題務實協商，使得中國大陸得直接面對中華民國政府，無法迴避。協商後建立的兩岸聯繫平臺，更是政府官員與政府官員直接打交道，例如《共同打擊犯罪與司法互助協議》的聯繫窗口，臺灣方面為法務部，大陸方面為公、檢、司、法，無須經過海基會與海協會轉一手。協商愈多，協議愈多，中華民國政府的存在，在兩岸互動過程中愈來愈明顯，微妙且漸進地侵蝕大陸方面的立場，也改變大陸官員面對中華民國的態度。

陸委會同仁的親身經歷：國臺辦某局長，之前聽到我方談到中華民國，總很不客氣打斷說，中華民國滅亡了，不要提了。制度化協商運行一陣子後，他講說，大陸需要好好思考中華民國這個課題。辛旗的看法，或許可以解釋大陸官員的態度轉變。辛旗是大陸軍方智庫領導，博學而儒雅，他的部屬曾與《自由時報》高層在宴席上爭辯，聲調愈來愈激昂，身為主人的辛旗制止，他說這不是待客之道。辛旗在臺海議題立場堅定，臺灣方面認為是鷹派，他對中華民國的談法很傳神。辛旗說，國共軍事對峙時代，中華民國太可恨了；但馬英九執政後，兩岸走向制度化協商，中華民國的憲法連結了臺灣與大陸，止住了可能發生的戰爭，也阻擋了臺獨，相較於李登輝的兩國論以及陳水扁的一邊一國，中華民國太可愛了。辛旗的中華民國可恨論與可愛論，臺灣學界前輩多知聞。

沒有一邊一國與兩國論的衝撞，中華民國也就不會如此彌足珍貴，民進黨與大陸的對抗，讓接手執政的國民黨有較寬廣的空間。而馬英九政府與大陸當局的制度性協商，更凸顯了中華民國的重要，大陸也警覺到，臺灣沒有鯨吞大陸的實力，卻可以蠶食，大陸必須在某些議題上劃下紅線，以防中華民國的主權事實愈來愈鞏固，成為難題。

賴幸媛在主委任內，陸委會對主權論述著墨頗多，不只面對大陸，面對立法院與臺灣輿論，講得更多、更直也更白。為何馬政府裡有聲音認為陸委會沒有政治論述？賴幸媛不是沒有論述，她只是不夠統。

09 門打開，阮顧厝

基於行政中立、維護新聞自由及人民權益，政府各機關暨公營事業、政府捐助基金百分之五十以上成立之財團法人及政府轉投資資本百分之五十以上事業，編列預算辦理政策宣導，應明確標示其為廣告且揭示辦理或贊助機關、單位名稱，並不得以置入性行銷方式進行。

《預算法》第六十二之一條。

中華民國一百年一月二十六日增訂公布

蘇起等人對賴幸媛有意見，大陸也質疑賴幸媛的作風，透過穿梭兩岸的臺灣民代，以及其他管道，大陸向馬政府表達過。臺灣文壇前輩，在社運風起雲湧的八〇年代寫了《強控制解體》、《民間的力量》兩本書的楊渡，曾與中國大陸官員就此討論。楊渡說，不是賴幸媛作風像民進黨，而是馬政府需要有人接近臺灣草根社會。賴幸媛曾參投入環保議題、反對美牛進口、為臺灣弱勢傳產發聲，帶領業者上街頭抗爭，賴幸媛在臺灣基層的資本，有助於號稱博士內閣的政府對接臺灣社會。

大陸政策一定要面對民眾，陸委會同仁曾規劃了百場的廟口開講，賴幸媛和副主委們在臺灣各地的廟埕對群眾談大陸政策。陸委會的文宣花樣多，不只廟口，但陸委會是將多兵少的參謀單位，不像經濟部、農委會這類將多兵廣的大軍部隊，一年預算比不上一個鄉鎮，當陸委會得上前線深入草根社會時，需要增加人與錢，馬政府人事與預算政策保守嚴格，賴幸媛爭取起來很辛苦。

二〇一〇年的預算，賴幸媛主政後首度自主編列的年度預算，受不了總是捉襟見肘的二〇〇九年，她拒絕主計單位嚴令必須刪減百分之五的要求，不減反增，宣導經費增加了百分之五十，賴幸媛拜託主計處高抬貴手，不成功，便尋求行政院協調。大陸政策既然是政府的重點之重，理當對陸委會有求必應，若是民進黨政府一定如此，還會指定新聞局協助，一併要求資源較豐的經濟部與農委會從九牛身上拔下一毛，讓陸委會用。但國民黨不是如此，本位主義重，有人不把自己當政務官，像是習於沉痾的事務官。賴幸媛一關一關拜託，推動ECFA時，農委會就曾被她拗了些錢支援陸委會。行政院通過陸委會預算後，還有立法院這一關。賴幸媛任立委時，監督經濟部、農委會，十億、百億地刪除，現在為陸委會辯護，幾十萬、幾百萬都得斤斤計較。立法院講究喬事情，少表決，民進黨立委們平日對陸委會砲聲隆隆，一個民進黨委員的強力反對就可以卡住陸委會整年預算。

後來賴幸媛的預算在立院闖關成功，在內政委員會主持會議的吳育昇委員，口才論述皆強，協助多。民進黨的陳明文委員也是助力，他透過人傳達訊息說，審預算時一定會讓賴主委感受到溫暖。

哭哭打打的立法院生態裡，陳明文是悍將。哭，以邱議瑩委員為典範。二〇〇九年四月二日，內政委員會開會，陸委會列席備詢，我和同仁們現場看著邱委員與李慶華委員口角，突然邱出手打了李一巴掌，吵雜的會議瞬時靜默愕然。負責國會聯絡的同仁站在我身邊，輕聲說，邱議瑩接下來一定會哭。這同仁實在聰明，果然，一秒鐘、兩秒鐘、三秒鐘，打完人後縮到牆角去的邱委員開始啜泣，同黨女立委趕快上前安慰。打，我與同事常常在立院觀戰，看得出來兩黨委員動手腳時，力道有所節制，動作大，姿勢十足，但傷害不大。陳明文委員是例外，武打場中，推人擠人，他使真力，渾身卯勁用力。

他曾對我不爽，點名要我上備詢臺道歉。某日開議鈴響前，頗多記者圍著賴主委提問，陳委員抓住機會，想鑽進記者圈中當面質問賴幸媛，此一即興且巧妙的新聞操作，成功的話，中午電視新聞將盡是他罵賴的畫面，遮蓋住賴主委原本要傳達的政策訊息。看著陳委員快步移向賴主委，我前行兩步搶先堵住他的去路，他往左跨了半步，我也往右半步不讓他繞過我，就這麼擋了一擋，主席宣布開會，記者散去，陳委員扼腕。

輪到陳委員質詢時，他點名我，他說立院裡立委是主人，行政官員怎可以擋立委。我聽到我的名字被提起，心震了一下，禮貌性地起立，對著質詢臺以及主席臺鞠了躬然後坐下。陳委員要我站上臺備詢並公開道歉，吳育昇委員擔任主席，反應快，對著陳委員說：「他已經鞠躬道歉了。」陳明文給了吳育昇十足面子，放過我。

我臉上木然，沒發一言。心裡佩服吳育昇委員敏捷機智，謝謝他的袒護，也欣賞陳明文委員，他有策略，能收能放。事後立院文官婉轉告訴我，會場裡主席最大，立委若與主委有衝突，陸委會的人不要出頭，就由主席處理，否則會惹禍上身。我謝謝提醒者的好意，心裡清楚，我到公部門工作，所圖者大，又不會一輩子待陸委會，這些規則不是我的優先考量。回想我卡位擋住陳明文的那兩步，不輸凌波微步。

悍將陳明文，說到做到，在審陸委會預算時讓賴主委感受到溫暖。為何如此，箇中關鍵賴主委一定知道，但守口如瓶至今。編、審預算過程風波多，但順利落幕，二〇一〇年，陸委會文宣工作量創紀錄，例如電臺廣播，陸委會每週製播十四個節目，對抗非法賣藥電臺對大陸政策的謾罵謊言。

有錢還得有人，賴幸媛主委增加進用了十四個人，過程頗麻煩。馬政府對公務員名額總量嚴格管制，賴幸媛跑了幾趟行政院人事處，處長總親自接待，但讓手下專門委員與科長反駁賴的纏鬥。即使面對科長，賴主委部長之尊還是娓娓解釋陸委會的須求，但雙方雞同鴨講。賴談的是國家政策，如何讓兩岸關係與臺灣社會接合，科長談的是制度規章。中華民國政府的公務員體系立基在一試定終身的國家考試制度，文官來源不算多元，去留僵硬，不像英國或香港政府，會向社會各界廣發英雄帖。我聽著科長的伶牙俐齒，端詳她應是會讀書、會考試、典章熟悉的優良官員，但一輩子的世界就是政府的人事工作，不知臺灣的江湖紅塵與工廠田林。賴主委想要增加的名額皆是約聘，不是通過高考的所謂正式公務員，這在人事文官眼中更是大惡不赦。儘管政府基層單位的約聘僱常是執行業務的主力，接受常任文官的指揮，承擔繁重，但人事單位總把約聘僱當成是不正常狀態，公部門的邊緣，而不是把他們當作多元進用管道裡的一元，珍惜他們進入公部門之前的社會履歷。我不發一語，在高亢辯論聲中打起瞌睡。

政府沒競爭力，國家的主計與人事制度有罪，無奈改朝換代也撼動不了。出身美國國安局，曾任美國總統辦公室助理的前美國在臺協會處長包道格（Douglas H. Paal），二〇一〇年在臺北出席研討會發表講話，中午吃了主辦單位一個八十元的便當，和所有出席的外賓，都得在一張紙上簽名畫押，表示便當確實是他們領去吃了。這個國際笑話的主辦單位就是敝陸委會。馬政府時期，主計制度變本加厲，搞得讓政府的文宣更難施展。

打仗時自綁手腳，國民黨執政時的特色；不像民進黨，該黨執政時公開宣稱置入性行銷是多元行銷手法之一，明令政府機關可以花錢買新聞。

馬政府推動修改預算法，禁止置入性行銷，讓政府廣告不能再偽裝成新聞。主導修法的是主計部門，代表行政體系赴立院參與黨政協商的，也是主計部門，在他們參與下，預算法修正案通過，此後陸委會印發主委在歐洲議會發表的英文講稿給外賓，上面得加註「廣告」兩字；辦民眾座談，看板或布條上得有「廣告」兩字；發送給大學生的紀念品，也加上「廣告」。我和同仁自嘲，慶幸多數外賓不識中文，不會知道臺灣政府要白癡，在講稿這種重要的政府立場宣示文件上寫了廣告兩字。最麻煩的是，廣播節目的製播幾乎無法執行，陸委會失去對抗非法電臺的平臺。賴幸媛與陸委會同仁對這問題奮戰了好陣子，行政院主計處說，修法前找各機關代表討論過，陸委會同仁查了該次會議紀錄發現，所謂的代表是各機關的主計人員，而不是真正推動文宣工作的同仁。主計一缸子的自家人關起門來討論，他們怎會曉得文宣工作的需求，怎會知道白癡規定會搞得工作難推行。我觀察，在政院裡，主計氣焰高，政務官不管官多大，沒人要得罪主計，畢竟人人都有便當錢要核銷。

賴幸媛主委任期內，強調陸委會不是兩岸關係的煞車皮，她的職責是既推動又把關，循序漸進。因此陸委會以「門神」，在臺灣處處可見的宗教意象，引用其迎賓、驅魔、護宅的職責，描繪陸委會的任務，作為陸委會的象徵。

發想陸委會的文宣時，我花了些時間推敲，有什麼東西可以呈現「保護臺灣」的意義，又不至於讓人覺得太保守封閉。一開始，想到的是足球的守門員，「把關」的意象強烈，可惜少了「開放」的意義，不吻合既開放又把關的主調。我想到了紗窗，擋住了蚊子，同時空氣又流通，好的進來，不好的擋在外面。但堂堂陸委會以紗窗當意象，似乎不夠堂皇。想著老家鹿港的媽祖廟，天后護佑眾生，陸委會守護主權，腦裡浮現廟門打開，媽祖居坐殿中，面向門外晴朗天藍的海峽。然後我想到門神，鎮宅平安，又有歡迎賓客的意味。面對民進黨對大陸政策的質疑，陸委會可以強調門神的守護形象；面對國民黨，就可強調門神迎賓的功能。門神好不好，賴幸媛曾問過她母親的意見，拜佛祭祖虔誠的老人家說，門神保護平安，當陸委會主委就要好好保護臺灣。

以門神意象為主視覺，陸委會文宣上寫著粗體大字「開大門，走大路」、「門打開，阮顧厝」，用南語唸起來都順口。「門打開，阮顧厝」傳得廣，常被民進黨立委引用，批評陸委會沒把家看好。這六字來自社運前輩林深靖，他與賴幸媛聊天時順口拈來。林深靖帶領紅衫軍群眾時，首站到臺南官田關帝廟誓師討伐陳水扁總統，有建國黨黨員衝進殿裡阻止，在一片爭執中他們怒斥：你們中國人不要來拜我們臺灣神。阿扁支持者認證關雲長是土生土長臺灣人，那《三國演義》應改寫劉備、關羽與張飛的桃園三結義：「素聞東海之南有臺灣，其北有桃園，明日當搭海船前去，祭告天地，我三人結為兄弟，協力同心，然後可圖大事。」林深靖在社運場上善用民俗典故與閩南語，用「顧厝」定調陸委會職能，傳神。「開大門，走大路」則是賴幸媛的語言，她常說，有氣魄的臺灣人，到底怕什麼？開大門，走大路，開門才能走出去、結善緣。

但國民黨內總有聲音，認為陸委會「把關」多於「開門」，罵賴主委以及兩位久任職陸委會的副主委，擋路的大石頭。

二〇〇八年時大陸已決議將送一對貓熊來臺，作為友善的象徵，但貓熊是保育類動物，跨境運輸牽涉許多法律規定，俗稱華盛頓公約的《瀕危野生動植物種國際貿易公約》（CITES）祕書處視大陸貓熊來臺是「國內交易」，表示不須通報公約祕書處，《自由時報》據此大肆抨擊，質疑中國大陸核發之貓熊出口文件矮化了臺灣。主管機關農委會是專業單位，關心動物福祉而不是政治口水，陸委會得方方面面協調，讓大陸方面不至於覺得被潑冷水，又要回應臺灣民眾的政治顧慮。陸委會數次強調，貓熊得憑輸出入文件才能通關入境，不是「境內」的國內貿易，貓熊再可愛，也無法大搖大擺如入無人之境，跨過中華民國海關。國民黨立委則認為陸委會刻意設關卡擋貓熊，有立委抨擊，陸委會拖延，所以貓熊不能隨著陳雲林來臺，若貓熊在江陳會上亮相，有史以來最高層級訪臺的大陸官員，將更有光彩。實情是，高官有面子，貓熊就斃命。貓熊極易驚嚇，一九七二年周恩來決定送貓熊給日本，日本保育人員特地跑趟倫敦，學習運輸與照護經驗，貓熊抵達羽田機場時，待在遮光嚴密的籠子裡避免被媒體閃光燈嚇死，路上運輸時，車速只有三十公里。若迎合國民黨立委期待，貓熊與高官同臺，然後，展示在臺北動物園的將是標本。

「門打開，阮顧厝」，既推動，又把關，賴幸媛對陸委會工作的定調。賴幸媛離開陸委會後，大陸政策文宣業務轉由經濟部承擔，就少了政治味與草根味。

10 不敢各表

期待到那時候後臺灣新的執政者會以自己的方式，來表明願意繼續推動兩岸關係和平發展、願意接受他們自己憲法所規定的「大陸、臺灣同屬一個中國。」

王毅，二〇一六年二月二十五日

王毅部長的這幾句話可說是大陸對臺政策從九二共識往前邁進妥協的一大步，讓兩岸和解的路更加寬敞，也讓民進黨新政府與大陸政府互動的政治基礎出現可協商的空間。

童振源，二〇一六年二月二十六日

大陸國臺辦主任王毅，也重視臺灣草根社會的觀感，頻率與陸委會主委賴幸媛相近，因此二〇一一年賴幸媛命我向王毅提議，希望減少大陸省市團的要求，他爽快同意。

二〇一一年夏季，和王毅主任的會面中，談話將結束，他和我起身邊握手邊走向會客室門口，互道再見的寒暄裡，聊到了他是否可能訪臺。「賴主委歡迎不歡迎我去爬玉山啊？」王毅主任的語調輕快了起來，我們手還握著，他猛地把我拉近，貼著耳朵，小聲地說：「我跟你講，如果我去，我只會在臺北市待半天，就往南走，到鄉下去，我不要在臺北，我才不會像他們去什麼請客吃飯，哼！」

王毅的「哼」，與賴幸媛的觀點頗一致：

「一九八七年的母親節，老兵何文德在街頭上披著白布條，寫著『想家』和『媽媽我想妳』，開啟了兩岸交流序幕。是小老百姓的需求，啟動了大時代的變化。兩岸交流的真諦，絕對不在於五星級飯店的簽署儀式與衣香鬢影的宴會。」

賴幸媛主委公開場合的講稿，常如此強調，我與大陸官員們溝通時也會引述。王毅在我耳邊對請客吃飯很不屑的一句話，也同時呈現了他的做事風格。陸委會同仁與我對他的觀察是，在他的領導下，國臺辦講究效果、務實，呈現和以前不一樣的工作風格，的確創造了成果。那次的會面，王毅穿著深色的POLO衫，深褐色尖頭短靴，不知是鱷魚皮或是鴕鳥皮。話題嚴肅，但他神態語言頗揮灑、不緊繃。雖然會面前都已先說好著便裝，但相較於王毅的輕鬆，他的幕僚和我都只是把西裝外套脫下，拿下領帶，解開白襯衫領扣，看起來僵硬。有大陸智庫學者評論王毅：「沒有他某些前任的土霸味，多了些時尚氣味。」這是頗貼切的觀察。

曾任美國副國務卿的阿米塔吉私下談到王毅時，也認為他的氣質與一般中共官員不一樣，數十年來與日本政壇關係緊密的阿米塔吉說，日本政治人物暱稱王毅「年輕王子」。

伴隨著王毅直爽、彈性作風的，是他的堅持。他任外長後，我幾次聽到政府駐外同仁外交前線上對王毅的評論，沒有因為對兩岸議題、臺灣內部形勢的了解而在外交上放軟；美國涉外的官員也點評王毅在亞洲局勢上相當強硬。穿西裝的王毅與穿POLO衫的王毅並沒有變，他的風格吻合對岸領導人習近平的方圓並濟。例如，堅持兩岸領導人的會面不是國際事務，不在國際場合；但同意在第三地會面，這是習的意思，是他拍板的。習的權力相當鞏固，表現出大國領袖的自信，有魄力作些突破。習在中共第十八次全國代表大會後展現出明確的決策風格，大陸權威智庫負責人稱為「底線思維」：作風有彈性，但底線是原則，馬習會的新加坡模式便是經典前例：爭議的部分可以各自表述，我們總統的記者會上有青天白日滿地紅國旗，大陸沒意見。但這模式就無法延伸到大陸境內。

二〇一六年二月二十五日王毅在華盛頓國際戰略中心（CSIS）提到「（臺灣）願意接受他們自己憲法所規定的大陸、臺灣同屬一個中國」，民進黨解讀王毅的話，刻意放出樂觀的訊息，前陸委會副主委童振源認為是「從九二共識邁進妥協的一大步」，民進黨諸人認為，王毅談憲法的同時，沒有提九二共識，這就有了「不講九二共識」的空間，蔡英文主席任總統後可以另起爐灶與中共達成新的共識，在新共識上延續兩岸制度化協商。事與願違，蔡政府執政後兩岸關係只更緊繃，民進黨剛選贏總統時的主觀期待落空。

在習的底線思維下，王毅做事強調堅持底線，言論不可能出軌。二〇一二年胡錦濤與吳伯雄碰面，便提過「符合兩岸現行規定」，所謂現行規定，國臺辦官員幾次直率地對我說：「兩岸各自的法律規定意思就是兩邊的憲法」。公開講出憲法兩字，王毅是第一人，這只是語言的靈活。王毅部長的說法與王毅當主任時的立場一致。至於王毅沒提到九二共識，不是像民進黨人所說的，大陸將在九二共識之外另起爐灶。沒提九二共識，是大陸外交部門在國際場合上的常態，涉臺部門面對臺灣會強調九二共識，外交部門面對國際會講一中原則，見人說人話，一中是底線，九二是底線原則下的務實作法。王毅做事很務實，有時言語舉止靈活，活潑，但立場硬。他的發言不背離定調的底線。

會如何面對執政的民進黨，在二〇一六年中華民國總統大選前，大陸幾次傳遞的訊息便很直接明確：蔡主席可以不講出「九二共識」四個字，但要具體體現一中原則。更早前的二〇一二年總統大選期間，有民進黨中國小組成員與對岸智庫接觸，提出「沒有九二共識四個字的九二共識」的說法，得到的也是「必須有一中核心意涵」這個回答。再更早前陳水扁總統執政時，民進黨政府公開、私下幾次對大陸提出，希望以「一九九二年香港會談所獲得成果基礎上」來替代「九二共識」四個字，這就是「沒有九二共識四個字的九二共識」的由來。從彼時至今，民進黨的企圖頗一致，大陸的立場也沒改變。

國民黨陣營一些政治人物則另有解讀，認為蔡英文總統執政後大陸政治立場有變，對臺灣更強硬，因此就大陸議題發言時畏首畏尾，不太敢提一中各表。學界或媒體也有人主張臺灣「各表」的空間不見了，例如臺師大政研所教授范世平認為，以前臺灣講「中華民國」，中方不會反對，但習近平在《告臺灣同胞書》四十週年紀念會，談到要推動兩岸雙方在一個中國的基礎上，達成「兩岸同屬一個中國，共同努力謀求國家統一」的九二共識，顯示「各表」的空間被限縮，已不允許詮釋「中華民國」的空間。這些說法皆是誤判。大陸對臺作為有調整，言辭與過去有異，但立場不變。

蔡總統上臺，兩岸制度化協商機制全面停擺，包括海基、海協兩會交流中斷、陸委會與國臺辦的電話熱線不通、大陸挖走中華民國的邦交國、臺灣參與國際組織的活動受阻，乃至限縮大陸旅客來臺、要求大陸交換生提前離臺，這些動作是既有立場下的措施，不代表基本立場的改變。以兩岸制度化協商為例，對臺灣而言這是中華民國政府唯一認可的、經過政府授權的兩岸交流平臺，對大陸而言，制度化協商與紫金山論壇、國共論壇、海峽論壇並列兩岸四大平臺，紫金山論壇、國共論壇與海峽論壇繼續推動，制度化協商停止，是因為制度化協商的基礎是九二共識，蔡政府不接受九二共識，基礎沒了，協商跟著沒了，不是大陸的立場變了。

蔡總統執政後，「九二共識」真的就失去了各說各話的空間？她當選後，大陸在講九二共識時，表述的方式的確有變。

馬政府時期，兩岸對九二共識，各說各話，代表兩岸立場有同有異，接受九二共識不代表臺灣接受中共的政治立場。大陸在自家的土地或場合上，會說「反臺獨、九二共識的政治基礎」；臺灣在自家土地上或對國際社會說明時，說法是「九二共識，一中各表」。但在兩岸互動的正式場合，兩岸同臺演出，雙方都會少說一句，以示彼此尊重，都只講九二共識四個字。大陸的「反臺獨、九二共識」，如果想在兩岸正式互動場合說，那我們就會說「一中各表」，雙方言語上較勁。江陳會在重慶舉行時，大陸在自家的記者會上，講了「反臺獨、九二共識」，陸委會劉德勳副主委與同仁發覺後認為，雖然是大陸單方的記者會，但仍算是兩岸制度化協商的場子，這不妥當，劉德勳副主委主動聯繫媒體記者，他人在大陸土地上就講了「九二共識，一中各表」。當晚中央社刊出了劉副主委的話，隔天清晨大陸國臺辦鄭立中副主任見到劉副主委時，微笑也有點揶揄地說，「昨天晚上，您又有動作了。」

關於九二共識的前綴辭或語後辭，對岸的「反臺獨」比我方的「一中各表」出現得晚，可見大陸不容許九二共識的詮釋權被臺灣搶走，也防堵臺灣搞小動作，避免兩岸簽了那麼多議題讓制度化協商造成事實後，臺灣就把九二共識當作花瓶供起來，不講其實質內涵。

馬政府時期臺灣常講的「一中各表」這四字，源自於國民黨政府對九二共識的正式說法：「海峽兩岸均堅持一個中國的原則，但對於一個中國的涵義，認知，雙方各自以口頭表述。」大陸版的九二共識文字則略有不同：「一九九二年大陸海協會和臺灣海基會達成的各自以口頭方式表述海峽兩岸均堅持一個中國原則的共識」，這麼長的一段文字，講起來拗口，中共少拿來說嘴，而用「反臺獨」直接定調九二共識。相較臺灣的「九二共識，一中各表」，著重在九二共識的各說各話，大陸的「反臺獨，九二共識」只強調自己立場，簡單而堅定。

蔡總統一當選，大陸講話的方式改變，與臺灣重要黨政人物相會的場合，不再只講九二共識，而是反臺獨與九二共識連著講，調子強硬。以前在兩岸重要交流場合不講統一，講「兩岸和平發展」，這講法比較不刺耳；蔡政府執政後，大陸方面屢次大方說出「推進祖國和平統一進程」，不在乎讓聽的人覺得尷尬。提到九二共識時，大陸也加碼成「堅持體現一個中國原則的九二共識，反對臺獨」。

大陸方面改變措辭，有其脈絡。馬政府時，兩岸官方認可的協商、交流平臺常態運轉，大陸講話委婉點，有利於雙方互動。好像本來掄刀弄劍的鄰居，都已坐下來喝茶了，狠話就收斂點，別把氣氛搞擰。馬執政八年下來，臺灣人都習慣了大陸少講統一、少說狠話，難免誤解大陸的真正立場。蔡英文執政了，兩岸官方劍戟森森、怒目互瞪，言語無須婉轉體貼，大陸趁機把立場露骨表白。

大陸改變措辭的另個原因，針對民進黨設下高門檻。二〇一六年總統選舉期間，大陸智庫便有主張，如果民進黨執政，大陸為民進黨設下的門檻一定會比國民黨高，民進黨政府如果要與中國大陸打交道，不能像國民黨一樣，只講個九二共識就過關。國民黨嘴裡不吐出「一個中國」，大陸勉強接受，但民進黨一定得把一個中國原則這個九二共識的核心意涵清楚表述，中國大陸才會認可。長期以來民進黨對大陸不友善，對中國人民有很多歧視性的語言，大陸如果用對待國民黨相同的標準來對待民進黨，實同宣告對民進黨既往不咎，這等於說，任誰都可以在中共頭上灑糞潑尿。中共不能自取其辱，大陸當局必須把民進黨與國民黨區別對待，發出明確訊號。

蔡英文總統執政，大陸講九二共識時，上下文改了，但基本立場沒變。二〇一九年元月，大陸舉辦《告臺灣同胞書》四十週年紀念活動，大陸國家主席習近平談九二共識與一國兩制，蔡英文總統定調說，九二共識，已經被大陸定義就是一國兩制。蔡總統詮釋有誤，九二共識是兩岸坐下來談的基礎，而一國兩制是中國大陸單方設定的統一願景，蔡總統將九二共識與一國兩制劃等號，誤導說九二共識沒空間了。就算九二共識在大陸眼中就是一國兩制，臺灣為何要屈從老共的定義？為何臺灣方面自行放棄九二共識的詮釋權？

不少民進黨立法委員對「九二共識，一中各表」的批評，也犯了同樣的錯誤。委員們說，大陸並沒有接受「各表」，所以九二共識沒有一中各表的空間，九二共識只是臺灣自己關起門來爽。民進黨這樣的談法，是向大陸投降，拿大陸的主張來否定臺灣的主張。

二〇一九年中國大陸的《告臺灣同胞書》四十週年紀念活動，蔡政府借題發揮的好機會，民進黨透過輿論高喊：「《告臺灣同胞書》四十週年談話，正證明了所謂的九二共識，絕不像過去國民黨所稱的有各自表述的空間，只剩下「一國兩制」，目的在消滅中華民國。刻意讓中華民國消失。」言下之意，國民黨接受九二共識，就是接受一國兩制，所以二〇二〇臺灣要贏，蔡英文要贏。頗有效的選舉操作，說得對不對不重要。

一國兩制，不是中國大陸的新立場，習近平的說法不是新宣示，只要在重大場合，例如二〇〇七年的中國共產黨第十七次全國代表大會、二〇一二年的十八次全國代表大會、二〇一七年的第十九次全國代表大會，重要的國家政策講話，一國兩制，一定要搬上臺。

大陸對臺單位沒有一天到晚把一國兩制掛在嘴邊，不會一碰到臺海議題，就講一國兩制，大陸有關方面非常瞭解一國兩制在臺灣沒有政治市場。馬英九執政時，中共官員與陸委會同仁們私下溝通，清楚表明，他們理解一國兩制在臺不受歡迎。二〇一二年三月，陸委會與國臺辦為了大陸的「平潭綜合實驗區」公開互嗆，大陸官員私下極力澄清，他們並沒將平潭定位為一國兩制的實驗區，陸委會不該扭曲大陸建設平潭的用心。

馬政府時期，大陸面對臺灣多提九二共識，少提一國兩制，「統一」兩字，也少提。某次大陸官員在美國講話，提到祖國統一，我接到對岸的訊息，彼端強調，那是對在美僑民的演講，算是對內講話，會談到大陸的基本政策原則，有些字眼比較強烈，但那演講不是對國際發言，更不是對臺灣講話，陸委會不用激烈反應。強烈字眼指的就是「祖國統一」。大陸一行人訪美，規劃精細，思慮縝密，他們不樂見賴主委或陸委會發言人潑冷水。

賴主委任內，國臺辦與陸委會間，這類的溝通好幾起，兩邊的應對很細膩，大陸方面擔心臺灣誤判形勢，妨礙兩岸協商。賴主委任職時，陸委會幾次公開發言嚴正反駁大陸軍方或外交部的說法，國臺辦私下跳腳說，兩岸事務，要以國臺辦的說法為準。言下之意，大陸軍方、外交部的說法不精確，不該理會。但站在陸委會的立場，臺灣民眾哪會細細區別大陸外交部與國臺辦的發言差異，大陸政府說話不禮貌或語帶威脅，陸委會職責所在當然要反駁，陸委會如果不說話，難道國臺辦想看到中華民國外交部出面反駁中華人民共和國的外交部？陸委會就兩岸議題發言，而不是讓外交部來說，正表示中華民國政府認為兩岸關係不是國際關係。

從馬政府時期到蔡政府執政，大陸措辭有變，基本政策立場不變，但臺灣方面如果因為大陸言辭激烈了，就吞吞吐吐不敢大聲說話，自失立場。從二〇一六到二〇一九年間，在野的國民黨內有主流聲音，認為臺灣已經沒有講「一中各表」的空間，那是判斷失誤。二〇一八年三月，新北市長朱立倫與國臺辦主任劉結一在上海碰面，劉結一主任公開說：「堅持體現一個中國原則的九二共識，反對臺獨」，朱立倫市長針對九二共識回應說「（兩岸）意涵不同」，朱立倫的言行證明九二共識存在各表的空間。從二〇一六總統大選國民黨失敗後，藍營一直不敢把一中各表大聲說出，好像選舉輸，面對大陸也自卑起來了，讓支持藍營的輿論很悶。朱立倫與劉結一的碰面，《聯合報》刊出年輕但資深，嫻熟兩岸事務的汪莉絹記者特稿肯定朱立倫，也等於幫國民黨劃下立場：對岸如果只講九二共識，那臺灣只講九二共識不妨，如果在九二共識前面後面加上一個中國、反臺獨等等，那臺灣方面就應該強調各表。

那些面對中共沒有講出各表的藍營政治人物，要不就不在乎臺灣的基本立場，要不就是有什麼特權利益被中共抓住小辮子，不敢拂逆中共意志。

11

啟動陸委會主委與國臺辦主任互訪

施威全……往往賴幸媛公出的場合，都會看見到他默默走在一旁，相當低調。

湯斌，二〇一〇年十一月十二日《中國時報》

新進成員施威全向同仁們問安。入會工作前，我的專長是修理鋼筆。對於低價的二手鋼筆或報廢品，有基本維修能力，特別喜歡處理拉桿式與潛望鏡式廉價舊筆。

休閒時我善於修補草坪。對於選購草籽、填塞入土、清除雜草以及澆水、割草，已有心得。對於不同機械款式的割草機，因而有些涉獵。喜歡見到松鼠、刺蝟、狐狸與鳥類在草坪上活動，頗有成就感。

公部門職位，不論高低，皆是國家公器，我珍惜此段人生難得的歷練與榮耀。

施威全，二〇〇九年二月

自我介紹，陸委會內部通訊

在陸委會工作是難得的機遇，得以同時與美、中兩大強權的官員打交道，窺見世界權力頂端的一點面貌。

二〇〇九年一月，我在倫敦寫完論文初稿，等著指導教授點頭，然後排隊申請口試。那時接到邀約，賴幸媛主委問說想不想回臺灣到陸委會工作，我答應了。從決定回臺到搭飛機離開倫敦，我總共只花了七天。這中間有好多事，訂機票、找海運公司、訂紙箱、打包了三十多箱、托運、找人修補房子、打掃房子……瑣瑣碎碎，倫敦十三年的生活在一週內一次清理搬走。我在小年夜傍晚拖著隨身行李，還沒回家，直接從桃園機場到陸委會。

到會不久我被要求寫點自我介紹，公諸同仁。我之前的經驗蕪雜，乾脆略過不寫。公家機關內部有兩種事傳得最快，緋聞與人事，我才上工，座位分派在主委室，很多同仁便即上網搜尋是何方人物，網路上我的過往藏不住，根本不用在自我介紹裡寫簡歷。有人把我的自我介紹外流給《財訊》，記者覺得我出身不倫不類，罵說賴幸媛聘用了個什麼以前修鋼筆的。

綽號小鹿的主委祕書早就警告我，主委室的動態藏不住，所以在陸委會工作時我不敢有緋聞。

剛到陸委會時對人事規定很反彈。民進黨時代，像我這樣以機要任用的，可以參事聘任，我到陸委會時，規定已改，職位得降兩等。職位高低沒關係，我又不會一輩子待政府，但影響薪水很重要，錢是物質基礎。賴幸媛主委當然希望在法律允許的情況下給我最多的薪資，但人事主任掣肘，覺得太麻煩，還當著我的面說，就先從更低幾級的薦任當起，幾年後再升為簡任。這讓人火大，我是沒什麼豐功偉業，街頭運動時沒打過警察，好歹也被警察打過，我的資歷，人事主任那老冬烘也不上網查查我混哪裡的。剛到陸委會，有政壇長輩看我以前筆鋒太利，忠告我，厲害的老鷹眼睛銳，爪子是藏起來的，我恭敬遵從，逢人鞠躬問好。但人事主任的態度實在欺負人，我靜下來想一想，晚上在酒吧把妹妹時雖然沒人會正眼瞧我，但白天的我在社會上並非沒人要，還算有點身價，為何到了公家人事系統就被看得一文不值。不想忍氣吞聲，將資歷送到人事室轉銓敘部時，我故意把在中時晚報寫了四年的專欄文章全部列印，超過兩百篇，厚厚一大疊，作為我的工作資歷證明。我說，不管人事室或銓敘部，不需要跪下拜讀，但得一篇篇讀完，你們要讀完才能論定我過去經歷符不符合你們設定的資格。

銓敘部回函，說我「尚」符合資格。這種公家文字，姿態傲侮、作賤人。符合就符合，什麼尚符合。

我有更多的經歷，其實當時網路上查不到，陸委會同仁不知道。唸書參加學運、社運，認識幾位黨外前輩，統、獨、左、右、老、中、青皆有。一度與新潮流的特定幾位朋友往來頻繁，例如賴幸媛主委的哥哥賴鎮成先生，臺灣中部著名的孟嘗君，他捐款輸財積極養成年輕的政治人物，我認識他比認識賴主委還早十年。孟嘗君食客有雞鳴狗盜，賴鎮成身邊有買義的馮諼，也是想從政的年輕人緣營而上的資藉，我曾介紹大學生與他認識，有學運經歷的人有的政治化很早，即刻與賴鎮成形影不離。

我也參與很多夏潮系統的活動，夏潮與臺灣地區政治受難人互助會的老政治犯們，有的傳承日據時期工農運動左派理念，有的在五〇年代白色恐怖時，學習從中國大陸傳來的社會主義思想，有的是領導二二八群眾武裝活動的中共地下黨人，他們的經歷是臺灣史裡被撕去、缺漏的一章，民進黨因民主運動而茁壯後，夏潮的政治主張更顯孤寂。我對夏潮的左統有意見，但深刻尊敬，畢竟夏潮的前輩是我這一代學運參與者中，很多人的啟蒙者，同儕身躍主流政治後，有的回過頭對夏潮吐口水，至少我不會裝作不認識夏潮諸人。

但我也沒有在陸委會同仁前大肆張揚我認識夏潮前輩，我是主委任用的機要，不想讓同仁誤解，以為主委用了個又紅又統的人。

有次和同仁到大陸，與某對臺工作單位會談，開場寒暄時，對方提到與夏潮前輩汪立峽相熟。汪是工運前輩，從遠東化纖罷工到全臺各地的客運司機罷工，都曾見汪立峽激昂地拿著麥克風怒吼。對方短短一句話，顯示了他們對臺灣工作的用心，也表示他們知道我與夏潮的關係，當時因為有陸委會同仁在場，我不多談這層淵源。我挺直原來靠在沙發的背脊，正經地回說：「汪老的學問知識我非常佩服。」然後談起其他話題。事後與工運朋友提到這段，眾人大笑，浪跡江湖的汪立峽，大家喊他「老汪」幾十年，在我口中，在兩岸官員對談時，成了「汪老」。

與大陸各單位碰面，都可以感覺到，他們對我背景的掌握，比網路上羅列的還深刻。第一次與大陸官員會面，開場時對方就直率表達：「我們瞭解賴主委與您的工作關係，也知道您們都曾在英國很長時間。」

前國安會副祕書長張榮豐先生曾提起他擔任李登輝總統的密使，與前總統府資政曾永賢先生在一九九二年會見解放軍總政聯絡部葉選寧部長的經驗。葉是葉劍英之子，問曾永賢與張榮豐是否持有來自李總統的隻字片語，證明密使為真。曾永賢曾是共產黨員，這位老共產黨就教訓葉選寧這位小共產黨：「我們是誰，你們應早就做好功課了。」時代不同了，我與大陸官員的見面，多一坐下就直接談主題，省卻了交待彼此背景的寒暄問候，不像許多穿梭兩岸的臺灣政壇人物，我不用花口舌解釋代表何方。

我首次與大陸官員的祕密會面在二〇一〇年，對方是國臺辦官員。國臺辦是陸委會的對口單位，但兩個機關的往來，之前在形式上多藉用海基會與海協會這兩個白手套所架構的平臺，談的是制度化協商的專業議題。二〇一〇年我與國臺辦官員會面，是賴幸媛主委任內陸委會官員與國臺辦官員的首次「直接」、「政治性」碰面，在這之前，兩機關官員直接的聯繫罕見，不會就政治議題拿起電話就打給對方。儘管互動很頻繁，總是隔層薄紗在對話。

會面地點在澳門。五〇年代時，中華民國政府在澳門組織了「廣東反共救國軍粵中指揮部第十六路軍」、「國防部情報局澳門站」，後來設立了「中華民國外交部駐澳門專員公署」，「駐澳公署」是冷戰時期臺灣對陸工作的重要情報基地。這個酒色財氣的熱鬧賭城，相傳美國情治人員相當活躍，在此誘惑、吸收中共官員，也是亞洲國家官員們受賄的熱點，賄款用籌碼給付，籌碼再結算為美金，宣稱是賭博贏來的，錢就漂白了。我看過的情資裡，沒見到西方情治單位在澳門活動的紀錄，倒是看過民進黨重要人物出入澳門賭場的通報，裡面有我小時便認識的朋友，要不是他出機場時戴著棒球帽遮臉，其實沒人會特別注意。這地方吃喝嫖賭一切合法，我常對陸委會駐澳門的同事開玩笑，合法不代表可以做，小心被錄影觀賞。

澳門有座國父紀念館，原是孫文先生原配養老的居所，現今是中華民國政府的財產，由陸委會駐澳門的臺北經濟文化中心管理，澳門這片土地上唯一公開陳設中華民國國旗的公共場所。澳門悶濕，伸手往空氣中一抓，感覺可以抓出一把水來，國父紀念館因為潮害須修繕。以去看看國父紀念館損害情形為名義，我就到了澳門，並商請國家文化總會楊渡祕書長同行，因為我與國臺辦官員的這次會面是他促成的，當時不方便透過陸委會同仁安排。出發時除了賴主委與楊祕書長，沒人知道此行真正目的。到了澳門，陸委會駐地同仁詳盡周到，我商請他們晚上不要排行程，理由是我想與留英時認識的澳門女孩久別重逢。我得消失個幾小時，不想讓同仁以為我嫖妓去。同仁很熱心，準備了當地的行動電話給我，結果夜晚楊祕書長、我與國臺辦朋友密談時，這電話一直響，同仁親切問候，還是不放心酒醉金迷夜晚我的行蹤。

國臺辦朋友與我談話的重點之一，他們對賴幸媛主委的定性。大陸會對臺灣的特定人物定性、定調，定性之後再決定是否與該人物往來交流。例如，二〇一三年前行政院長謝長廷以參加國際調酒比賽為名，前往大陸，大陸同意他去，無關謝的調酒好不好喝，而是謝的一中憲法主張，大陸定性可以往來。陸方還安排謝與國務委員戴秉國見面，因為國務委員職務屬副國家領導人層級，國臺辦發佈謝戴會新聞稿時，主動把謝長廷赴陸的身分從調酒協會榮譽顧問改為臺灣維新基金會董事長，以正觀瞻。

開場，國臺辦官員說：

我向王毅主任報告了這次的機會，王毅主任很重視這次會面，他委託我跟您見面。

大陸方面非常重視賴主委。大陸非常肯定賴女士這兩年來積極推動兩岸關係的努力，她的工作很重要，大陸方面很肯定。特別是兩岸一甲子的晚宴之後，黃文濤也在場，鄭必堅帶回了稿子，把賴主委的演講介紹給大陸，大陸印象非常深刻，大陸認為主委是〇〇〇〇〇〇，非常肯定賴主委個人在兩岸關係上的努力，我要強調，這樣說，不代表我個人，而是大陸的看法。

我揣度，〇〇〇〇〇〇與積極推動兩岸關係，就是大陸對賴主委的定性。談話的時間很長，雖然形式不拘，但桌上的茶點沒動過，因為這是兩個機關間第一次就兩岸關係深入交換意見、互相質疑，要傳達的訊息多，言語內容密度很高，沒法子放鬆。會談快結束時對方提到未來兩岸關係的發展：

以後兩岸應該談文化、教育協議，慢慢再談到軍事互信，增加政治互信，加強兩岸互信，為兩岸關係提供動力。對國民黨而言，我們絕對不會提出讓人為難的意見，一定是互利雙贏，希望雙方可以從二軌開始。這是第一次見面，很重要，王毅主任也特別重視。很抱歉在這裡談，不能吃晚餐，實在是太敏感了。王毅主任要我代表他轉達向賴主委的問候。

我：我也在此轉達賴主委向王主任的問候。王主任有提過想到臺灣爬玉山……

對方聲調原本有點疲累，此時眼神都亮了起來。

對方：可行嗎？哪時候？賴主委在香港時說歡迎，也說她到大陸也可以。

我：當然。不過時機很重要，要成熟才可能。

對方：都可以，這都可以討論。

我：這會難度很高，要重視臺灣人民感受，從臺灣人民的感覺來說，可能賴主委先去比較有一點可能性。

王毅想成為第一位踏上臺灣土地的國臺辦主任；而我也想過，如何讓賴幸媛成為首位到大陸的陸委會主委。有點異想天開，但不是完全不可能。

會談結束，我說肚子很餓了。雙方互約定再聯絡。

12 兩岸不只一甲子

大陸非常肯定賴女士這兩年來積極推動兩岸關係的努力，她的工作很重要，大陸方面很肯定。特別是兩岸一甲子的晚宴之後，黃文濤也在場，鄭必堅帶回了稿子，把賴主委的演講介紹給大陸，大陸印象非常深刻，大陸認為主委是〇〇〇〇〇〇〇，非常肯定賴主委個人在兩岸關係上的努力，我要強調，這樣說，不代表我個人，而是大陸的看法。

當然兩岸交流我們很重視臺灣老百姓的感受，你說五星級飯店，我們也調整了，梁寶華團的現象也調整了，我們要求高訪團減少五星級飯店、拜訪大財團，更多到鄉村面向基層民眾，建立好感。但大陸這麼多省市部門，很多人以前都到過臺灣，以前都接待過連、宋、吳，這些都免不了在臺灣連、宋、吳要請他們。

賴主委在美國的演講呼籲美國要重視臺灣，要美國通過臺灣影響大陸，我們同屬一個中華民族，這對大陸很刺激，這不是一般的普遍言論，這是在錯誤的地點、時機所講的話。美國演講後，網路上流傳很多，網民們意見憤慨，民意都要國臺辦表態，但我們從大局出發，非常克制，不做過度反應，儘管內部反應很大，我們只是透過學者發表文章，要以前，是會點名的。

我們大陸，不只是臺辦，總覺得陸委會不是太正面，有些話好像是對著大陸來。前兩天，王毅主任談話是非常善意的，陸委會發言人的回應很負面，王毅主任的話字字斟酌，陸委會應該扮演推手，不應老是踩煞車，像趙建民對文化協議的發言也是，一句話就打回去了，有時候是應該慢一點，但應該要往正方向，不要倒退。

賴主委在兩岸一甲子的談話，可以看出內心感情的，動情的，讓人感動的。陸委會應該引導臺灣民意，兩岸還是牽涉到政治，例如春節班機，如果不是當作一個國家內部事務，行不通。

國臺辦官員，二〇一〇年
和施威全會面時的講話

兩岸一甲子學術研討會，二〇〇九年十一月在臺北舉行，這是兩岸交流以來，第一次兩岸學者在臺灣就政治議題進行對話，雖然主辦單位是民間單位，但參與者身分特殊，大陸方面有重要涉臺智庫學者、仍領著國家薪資的退役將軍與退役大使，包括中國社會科學院臺灣研究所余克禮所長、廈門大學臺灣研究院劉國深院長、李際均中將、大陸前駐法大使吳建民，由前中共中央黨校常務副校長鄭必堅領隊，他是中共中央總書記胡錦濤智囊，「和平崛起」的提出者，歷來訪臺層級最高、最具影響力的大陸學者。國臺辦研究局局長黃文濤也與會。

在臺灣方面，主辦單位太平洋文化基金會吳建國執行長公開表示，他曾向馬英九總統報告這場研討會的籌辦構想，得到允首。但因為議題涉及政治談判與軍事議題，臺灣政府刻意保持距離沒派人參加。儘管如此，參與的臺灣代表在兩岸關係上也頗舉足輕重，包括在國家安全智庫亞太和平研究基金會擔任董事長的趙春山教授、國家文化總會的楊渡祕書長、代表國民黨智庫的林祖嘉教授、曾任駐新加坡代表的前國安局副局長胡為真。民進黨方面有前陸委會主委陳明通、前副主委童振源、前海基會董事長洪其昌參加。陸委會對外表示，這個研討會未涉及任何政府授權或委託研究項目，但在不對外公開的情形下，賴幸媛主委晚宴招待與會的兩岸代表，並致詞，這是大陸黨、軍、外交背景的重量級學者首次集聚與賴幸媛見面。

兩岸一甲子晚宴前，賴幸媛與鄭必堅寒暄，兩人坐在沙發上閒聊了一下，鄭必堅年紀雖長，語氣委婉客氣，他幾度稱呼賴主委賴女士。賴主委致詞後，原來已預先表明不在晚宴上講話的鄭必堅，突然要求他有幾句話想回應賴主委的致詞，拿起麥克風，他一張口變改了稱呼，鄭必堅說，賴主委，您的這篇演講……似乎一下子找不到適合的形容詞說明他聽後的感覺，他頓了一下，說：「您的這篇演講很有意境，詩情畫意。我要請您到大陸中央黨校演講。」

鄭必堅的邀請或許是一時神情激盪脫口而出，但以他的地位，這是重要的政治訊息，賴幸媛有可能突破政治禁忌，成為首位赴大陸的陸委會主委。

晚宴結束時，鄭副校長索取賴主委致詞稿影本，希望帶回北京參考，聲明絕不外洩。致詞稿上的話，都已講出，陸方一定有工作人員全程錄音，那就省卻他們逐字謄寫的麻煩，影印一份送給陸方。可以預期這份稿子將在大陸特定人士間流傳，出乎意料的是，過一陣子我突然接到臺灣媒體駐大陸資深記者的電話，她指名找我，質問：身為陸委會主委，在兩岸一甲子的場合賴幸媛怎麼可以這樣講話？她不是要採訪，她有意見。

電話裡，她一下子也講不明反對的理由，一直說稿子裡的立場「太前進」了。我與她不認識，她的質問逾越了媒體人的分際，急切的語調顯現了對中華民國的熾愛與關心。我心想，貴報社論不是幾次批評陸委會在兩岸關係上不夠主動、妨礙兩岸關係進展，怎麼突然又指控賴幸媛太前進。我懊惱大陸對臺機關把稿子拿給了她，但還是請她把意見講清楚。原來講稿裡有段文字，提到了六十年前中共的革命，這位媒體前輩認為站在中華民國政府立場，賴主委對中共革命的看法不對。我回答說，稿子風格迥異，不像官方致詞稿，刻意的，我從來就不喜歡四平八穩的官腔，文字喜歡棉裡藏針。而她在意的那段文字，恰是賴主委自己的語言，原汁原味寫進稿子，陳述的是歷史事實，賴主委坦率誠實地面對歷史，講出她個人的理念與立場。

再過陣子，政府國安智庫高層，也是總統倚重的兩岸關係學者，到陸委會來時，也連問了三次兩岸一甲子晚宴致詞稿是誰寫的。我從話裡的蛛絲馬跡，推論他從國臺辦研究局拿到了致詞稿全文。

致詞稿誰寫不應是重點，該在乎的是賴主委傳達的理念。致詞稿一開始說了幾句官方語言，藉此在大陸代表面前用總統官銜稱呼馬英九，並講出了中華民國四個字。接下來致詞稿「騎馬打仗」，藉著引用馬英九總統的話，賴主委加上她個人的詮釋，強調兩岸交流不應淪為特權利益的平臺。致詞稿有幾段文字，提醒對岸代表，必須看到基層百姓，面對兩岸關係現況時該如此，理解臺灣與大陸的發展歷程時，更該如此，例如臺灣的經濟奇蹟，是犧牲勞工與農民而獲得的。致詞稿裡也用同樣的民眾史觀談中共的一九四九年革命，文中不避諱這場革命是共產黨領導，但數次強調這是中國「人民」的起義。

致詞稿裡強調兩岸關係不只一甲子，臺灣史有多長，兩岸關係就有多長。企圖用四百年去拆解一甲子的論述，兩岸關係絕對不能只是國共關係，大陸不能硬以大一統的觀點套用在臺灣。

節錄致詞稿部分文字如下：

各位遠道而來，但以時間作為度量衡，兩岸距離非常近。兩岸的距離從八個小時縮短到八十分鐘，這個大變化，在短短不到十二個月之間發生的。去年馬英九總統就任中華民國總統後，兩岸政府抓緊歷史契機，恢復制度化協商，讓兩岸的經貿交流可以有制度、有秩序地進行。兩岸的情勢，從一度瀕臨戰爭邊緣到現在的和緩與穩定，在紛擾不停的國際局勢中，是個珍貴的典範。

才不過二十多年前，兩岸不相往來。臺灣人要寫封信給大陸的親人，得先寄到香港、美國或加拿大，拜託在那裡的朋友轉寄。一九八七年的母親節，在臺灣當時的總統是蔣經國先生，臺北的街上有位老兵何文德，身上掛著兩片布條，大大的毛筆字，前面寫著想家，後面寫著媽媽我想你。兩岸對峙造就了許多的何文德，他們跟隨著國民黨撤退來臺灣時，不過是十多歲、二十初的年輕人，誰知道一離開大陸，從此就回不了家，幾十年來的母親節，只有暗自飲泣。他們在中國大陸的母親，在數十年的思念中，逐漸年邁老去。何文德的抗議活動，促使中華民國政府開放老兵返鄉探親，開啟兩岸交流的序幕。回顧這段不久前才發生的歷史，其實是要提醒我們自己，兩岸交流始自小老百姓、基層人民的需求。兩岸交流的重點與真諦，不在於五星級飯店的簽署儀式，也不在於衣香鬢影的兩會交流活動，而在於兩岸協議的果實要由人民所共享。馬總統揭示中華民國政府大陸政策的最高原則是以臺灣為主，對人民有利。以臺灣為主就是要捍衛臺灣主體性；對人民有利就是兩岸交流的果實不圖利特定財團與企業。兩岸經貿交流制度化下，兩岸政府提供給企業的是機會，而不是特權。

我們也要提醒自己，兩岸關係源遠流長，不只六十年，兩岸問題與國共內戰有關，但兩岸關係絕對不只是國共內戰的遺留問題，不能只從這角度來理解。現在的中華民國執政黨是國民黨，國民黨得到過半臺灣民意的支持，但臺灣是個政治意見高度分歧的民主社會，國民黨不代表所有的民意，何況今日的國民黨與昔時的國民黨相較，有些堅持仍在，但有些主張改變，在國民黨的組成方面，轉變更大。當一九四九年國民黨來臺時，大多數的臺灣人與國民黨是沒有淵源的。之後的六十年，國民黨執政下，臺灣人民在低工資、低糧價的生產環境中胼手胝足創造了兩位數成長的經濟奇蹟，最難能可貴的是，當時的臺灣是相對均富的社會，身為亞洲四小龍的臺灣，曾是國際學術界討論發展理論的一個典範。也因此中小企業蓬勃興起，造就了中產階級，也帶來了之後的民主運動與本土化運動，這些運動帶來的影響不只是政治，在社會、文化上都有衝擊，例如本土與民主，已成為臺灣年輕人文化中的流行元素，當臺灣歌手、演員把他們的作品帶到大陸時，與大陸的年輕人可以產生共鳴。

今天兩岸的年輕人，已經不同於兩岸六十年前的年輕人了；今日的兩岸關係也不同於六十年前的國共關係，當雙方的政府努力地為未來的兩岸關係奠定堅實、穩固的基礎，我們要多花些時間問問我們的下一代，他們要什麼。更重要的是，不能以國共內戰、分治的框架套在現今的兩岸關係上，否則會讓我們的年輕人失望。

我不是說六十年前的歷史不重要。六十年前，國民黨輸了，共產黨贏了，這是事實。這是一場由共產黨領導、中國人民起義的革命，不僅推翻了一個政權，並且翻天覆地改造了社會，對這個變革，這個人類史上前所未有的挑戰不公不義的運動，我個人內心對中國人民非常尊敬。中國人民的起義，解決了幾千年中國歷朝都無能解決的民生問題，當我們環顧世界各國，當某些經濟大國都還存在饑荒問題，當有的國家每天有數千人因饑荒而死時，相較之下，當年的中國締造了了不起的成就，對全世界人類是不可抹滅的貢獻。容我再次強調，做為人類的一份子，我對這個貢獻非常appreciated。

我瞭解像我這樣思考的人，在臺灣社會不多。六十年的分隔讓臺灣人民對大陸與大陸人民有許多誤解，用刻板印象看待。我小時候唸書，教科書提到大陸人民生活在水深火熱之中，在吃香蕉皮，所以我們要反攻大陸，解救大陸同胞。這是反共教育，目的在反對共產黨，但是這種對大陸的不實描繪，卻造成臺灣人民對大陸的輕視，反共的教育反而造成了反華的效果，特別是在臺灣民主化、本土化的過程中，當民主運動訴求臺灣人出頭天、臺灣主體性時，國民黨反共教育所呈現的大陸面貌，被用來做為臺灣社會的對照組，國民黨教育出來的反大陸意識，成為反華。

追求本土化不需要反華；強調臺灣認同也無須貶抑大陸。可惜的是臺灣過去二十多年來的民主運動不免夾帶一些族群主義用來號召臺灣人團結。我二十歲不到就參與了臺灣的民主運動了，我以民主運動為榮，以臺灣的民主成就為傲，但也為其中夾雜的族群主義而扼腕。

同樣地，從我個人的經驗中，我也認為大陸方面與大陸人民對臺灣現況不盡瞭解以致充滿憂慮。有的大陸朋友無法理解，在臺灣流行的電影《海角七號》到底有什麼好，為何臺灣人喜愛。大陸朋友不知道的是，我的父親、祖父那一代，因為日據，他們生下來就受日本統治，沒有人會想到有一天他們會成為中華民國國民。各位會認為受日本殖民統治是歷史的悲劇，但對殖民政權底下生活的活生生人民而言，日式教育、日本文化卻是他們的每天經驗，因此臺灣文化有日本元素，是我們要細緻對待的客觀現實。

臺灣文化還有南島語族的元素、冷戰時期臺灣依靠美國的美國元素，以及一些些的四百年臺灣發展史的外國元素。比起大陸的一些地方，臺灣非常早，四百年前就捲入了全球化的浪潮，雖然比起大陸的泉州，曾是全世界最大的港口城市，臺灣晚了兩、三百年，但是與大陸沿海的幾個城市相比，臺灣沒有海運禁令，沒有封港，相當長的一段時間臺灣是東亞航運的重要節點。當我們不只是看兩岸一甲子，而是看兩岸四百年史時，可以發現，四百年來漢人不斷移民來臺而造就的臺灣文化，有豐富的中華文化底蘊，但也有其他經由海洋而來的文化元素。海洋文化不代表就比較進步或比較守舊，海洋文化與大陸文化也不是對立的，但要理解臺灣，就必須理解臺灣文化內部是多元的，我們不能硬以一個中華文化的架構套在臺灣身上，不能硬以一個大一統的思想來看待臺灣。兩岸雙方對彼此都有瞭解，也有誤解。無論如何，有些不必要的擔心是多餘的。

我們的功課是，如何爭取更多民意的支持，兩岸政府共同努力，為兩岸和平打下不可逆轉的基礎，我們眼前的功課不是簽政治協議。

臺灣人希望和平，但和平不是屈膝跪求來的，也不是被迫的，是要在維護臺灣主體性的前提下，有尊嚴的和平。我個人對兩岸的未來非常有信心，我認為尊嚴、對等的和平，儘管追求起來很艱難，但值得期待，也可以獲得。

致詞稿定稿時，安排兩岸一甲子晚宴的陸委會主管同仁，鍥而不捨，連著三次到主委辦公室向賴主委表示稿子內容不妥當，主要癥結還是那段國民黨輸了、共產黨贏了的文字。最後一次嘗試說服賴主委時，主管同仁拿著改寫過的版本，用一段讚揚大陸改革開放的文字來取代原本的段落，請主委採用。同仁強調，如果非得放幾句肯定中共的話，建議肯定他們的改革開放，而不是革命。主委向同仁說明，贏的是人民，不是政黨，這是她要傳達的訊息。

賴主委對我說，這位主管同仁，不唯命是從，本著良知與認識，勇於提出諍言，一而再地企圖說服長官，這樣的文官她很尊敬；但那段文字，是她的史觀，她不會動搖，不會因為當官而改變。

13

鄭弘儀罵幹你娘

鄭弘儀罵髒話引爆陸生補助爭議，以及傳真給鄭弘儀是否搞烏龍的風波後，賴幸媛幕僚、陸委會簡任祕書施威全十日晚間站出來，表示自己就是傳真給《大話新聞》的當事人，在今日的立法院內政委員會上鋒頭還大過賴幸媛。

邱議瑩話鋒一轉說，施威全非常大牌，有一次還將立委陳明文一手擋開，「比妳還大尾，所有媒體都出去採訪他，他剛剛才走進來」，「施威全是陸委會的打手、相打雞（鬥雞）」。

輪到民進黨立委簡肇棟質詢時，則親自點名施威全陪賴幸媛上質詢臺，還說施威全剛剛還在滔滔大論，要求他把口罩拿掉。施威全一開口就說，他最近幾天發高燒，聲音沙啞，剛剛是因為喝了很多水，要上廁所，所以出去了一下，才因此受訪。簡肇棟見狀，也只好說，施威全知道自己是醫生，打醫生牌，他也只好讓施威全回到臺下。

〈賴幸媛幕僚施威全當小門神？綠批相打雞〉，

王宗銘，二〇一〇年十一月十一日

Now News今日新聞

施威全究竟是誰？為何民進黨立委今（十一）日大多對他手下留情，只有邱議瑩偶爾下重手砲轟？……主要是他過去是野百合臺中學運出身……與民進黨人物有相當深厚的交情，立委陳明文的幕僚更是長期戰友，只不過，施威全對外都跳過這一段經歷，不會說明。

〈側寫／施威全出身野百合臺中學運　綠委難得手下留情〉。

王宗銘，二〇一〇年十一月十一日

Now News今日新聞

二〇一〇年五都市長選舉，選情熾烈時，鄭弘儀在造勢舞臺上罵粗話，批評大陸政策，陸委會跳出來槓上他。

鄭弘儀批評，臺灣人和中國人在爭取利益時，馬英九偏向中國人。他舉例臺灣有八十萬大學生、研究生申請助學貸款，顯示普遍臺灣人不好過，但中國研究生來臺，「就要補助一個月三萬元。」鄭弘儀說：「那叫做幹你娘。賣早餐賺兩萬多，開計程車賺兩萬多，做大樓管理員賺兩萬多，中國研究生來補助他三萬。幹你娘……馬政府犧牲臺灣人，犧牲臺灣學生，補助中國學生每月三萬元。」

輿論一開始聚焦於粗話，然後急轉直下，火燒到了陸委會。

十一月七日	鄭弘儀於晚間造勢臺上罵粗話。
十一月八日	早報多以頭版報導粗話事件。 鄭弘儀公開道歉，掉淚，並批評陸委會。 陸委會回應，澄清鄭弘儀的指控。陸委會表示曾傳真給鄭弘儀主持的《大話新聞》解釋，鄭弘儀對此還曾在節目上承認《大話新聞》錯了。 下午，陸委會再次傳送聲明給媒體，抨擊鄭弘儀：「臺灣社會要的不是眼淚，是真相。鄭不該用眼淚遮掩真相、移花接木。」並說明七月四日、七月六日，七月九日陸委會都發出新聞稿澄清鄭弘儀在電視上的說法，陸委會同仁曾打電話到《大話新聞》，企圖解釋，後來傳真了三份澄清稿給《大話新聞》。
十一月十日	陸委會同仁出席立委洪秀柱的記者會，公布陸委會於七月六日晚間傳真至八七九二七一〇一給《大話新聞》，顯示「傳真成功」的資料。 中午，三立記者指《大話新聞》的傳真是八七九二七一〇七，陸委會傳錯號碼，擺烏龍。本來因為粗話事件被譴責的鄭弘儀，聲勢逆轉。 洪秀柱辦公室查證，陸委會公布的傳真號碼，雖然不是《大話新聞》，但登記在三立名下。 民進黨立委管碧玲批評，此案是陸委會追殺鄭弘儀，還搞烏龍，官員做事漫不經心。 鄭弘儀晚間在《大話新聞》中指控，「《大話新聞》的傳真號碼官網上有，陸委會撥錯傳真電話，這樣的帳，可以算在我頭上嗎？咁有公平？」來賓名嘴合力批判陸委會政策。 晚上十點，我具名向媒體公開，我就是發傳真給《大話新聞》的當事人，我沒有傳錯號碼，中華電信的通聯紀錄將可以證明我沒有錯，我並且批評鄭弘儀：「作為政治評論者發表評論前一定要做功課，不能只被動等人餵資料。」
十一月十一日	《聯合報》刊出我的聲明。陪同賴幸媛主委出席立法院內政委員會時，媒體追問，我藉機痛批鄭弘儀。

罵粗話前四個月，鄭弘儀便質疑陸委會的政策，陸委會數度解釋，媒體也報了，但因為不是熱門新聞，沒受到關注。鄭弘儀罵粗話後，陸委會趁熱，藉機把整個政策說清楚，陸委會的強勢說明言之成理，媒體大量引用，鄭弘儀理虧、氣勢弱。但隨即陸委會被抓到把柄，竟然連傳真號碼都搞錯，輿論上陸委會聲勢急轉直下，直到我具名跳出來反擊。

陸委會很早就鎖定鄭弘儀，擔心陸生政策被汙名化。受補助的是來臺灣做田野研究的研究生，不是來臺灣讀大學的陸生，這是兩回事。其次，補助田野研究，非人人有獎，名額與金額都極少。

開放大陸學生來臺就讀，正式註冊為臺灣各大學的學生，既定政策，將在二〇一一年開辦，五都市長選舉後將會上場，初期開放兩千名，後來實際註冊入學九百多名。這九百多名陸生，與鄭弘儀抨擊的大陸研究生是兩回事。鄭弘儀指涉的研究生，在大陸的大學就讀，因為研究需要，到臺灣做短期田野調查。人數極少，民進黨執政時便補助臺灣的大學接待這類學生來臺進行論文研究，馬政府上臺後，限縮補助，每人補助兩個月，一個月三萬元，二〇〇九年補助四十八名。

鄭弘儀的節目刻意誤導，讓觀眾以為，來臺灣就讀大學的陸生政府每月都補助三萬元，而臺灣的大學生為了學費與生活費，只能辦助學貸款或辛苦打工。

補助來臺做田野調查，概念上是獎學金，名額少，非人人有獎。例如，教育部設有臺灣獎學金，補助來臺唸書的外國學生每學期四萬元學雜費，加上每個月一萬五千元的生活補助，但名額少，競爭激烈。有位波蘭朋友，該國聯考狀元，因為申請到了臺灣獎學金，決定捨棄中國大陸，而到臺灣就讀。這類獎學金的目的是投資並籠絡少數菁英，期待波蘭狀元日後位居歐盟政壇高位，會想起她與臺灣的淵源。而鄭弘儀拿來類比的助學金與打工，指的是通例，一般學生。大學生經濟狀況不佳，該討論的是高學費政策。

當輿論膠著在陸委會撥錯傳真號碼時，真相我最清楚，除了陸委會的同仁傳真，我也有傳真；同仁或許撥錯號碼了，我可沒撥錯。這不是我第一次幹這種事。有次看到小時候的朋友，長大後邊教書邊當名嘴，在《大話新聞》裡說，兩岸簽了《共同打擊犯罪協議》，中共的公安就可以指揮臺灣的警察把陳水扁總統抓起來，送到大陸審判，因為主張臺獨的陳總統違反了中共反分裂法。我聽了即席寫了幾句話，傳到《大話新聞》，鼓勵這位朋友專心當名嘴。

二〇一〇年七月鄭弘儀在《大話新聞》扭曲研究生來臺補助案，我曾手寫了幾句要點澄清，按照該節目畫面上呈現的澄清專線號碼，從家裡的傳真機傳過去，一次不夠，同樣的內容傳了三次。我沒撥錯傳真號碼。

十一月十日晚上，決定反擊《大話新聞》並澄清所謂的「傳真烏龍」。我聯繫中華電信，報上我家裡的傳真號碼，希望取得通聯紀錄，中華電信說，時間久遠，已經超過三個月了，無法提供。賴幸媛不放棄，聯繫了中華電信上上下下她認識的人，那晚中華電信起碼有十個人沒能好好吃晚餐。然後，中華電信機房告訴我，或許三個月以前的通聯資料還沒有被新的資料蓋過去，他們可以在電腦資料堆中撈看看，或許可以撈到我那三通傳真的紀錄。晚上近十點，中華電信回報，找到了，證明七月五日晚上我確實從家裡傳真到了《大話新聞》，共傳三次，有兩次傳成功。於是我發了聲明給平面媒體。

十一月十一日早上陪著賴主委到立法院內政委員會，腳步很沈重，因為我發燒了兩天，一直沒退，感冒讓我沙啞，白開水猛灌。賴幸媛備詢，我離開會場到洗手間，小便完，洗完手，推開門，果然電子媒體蜂擁在廁所外。

我拿出了A４大小的一張紙，彩色列印著我從YouTube影音擷取的圖檔，正是七月五日鄭弘儀主持節目的畫面，螢幕上有《大話新聞》的傳真電話。一手拿著紙，一手指著紙上的電話，對著鏡頭，我承認是傳真事件的當事人，那個晚上我就是按照螢幕上呈現的傳真號碼，從家裡二三七〇七七ＸＸ的傳真機傳了三次澄清稿，其中兩通，二十一時五十分〇三秒到五十分四十五秒、二十一時五十一分十三秒到五十二分五十二秒都有傳真成功。

我說，鄭弘儀當年在中時晚報擔任記者與組長，我恰好也在中時晚報撰寫專欄文章，我發表評論時，一定會做功課，不會坐在那裡等著人家餵資料。「政治評論者不能只是坐著等人餵資料。」不管電子媒體朋友們問我什麼問題，我回答時，都會帶上這句話，重複又重複，不管新聞臺如何剪輯，都避不掉這句話

回到立院會場，質詢的立委正對著賴主委痛罵我，因為電視攝影機跟著我跑出會場，她上臺質詢時會場一部攝影機都沒有，大概很不習慣。罵我的立委不少，記者洪哲政寫得傳神：「民進黨立委不滿他的舉措，委員會召開後多次點名批判，民進黨立委簡肇棟還叫他上質詢臺，不過他佝僂身形，嗓音嘶啞表示自己正發高燒，讓立委攻勢如泥牛入海，戰事隨即轉而針對主委賴幸媛。」

那天內政委員會，賴主委很有趣，立委洪秀柱稱讚我時，她笑得很開心。民進黨立委說我鋒頭強過賴幸媛，她顯然不介意。

當晚的《大話新聞》上，眾名嘴不敢再談政策，而是點名我，一晚不夠，連著三晚要我打電話進去與他們辯論。有位在《自由時報》任記者的好朋友，怕我被他們激怒，傳簡訊建議我不要理會。那三晚我根本沒看《大話新聞》，只事後看網路上的錄影檔，因為一下班就躺在急診室裡。後來我向醫師說，拜託幫我打針類固醇吧，我實在沒時間生病，感冒才好起來。

陸委會槓上鄭弘儀，讓鄭弘儀的輿論形象，當時如同夾起尾巴的逃跑狗，不是陸委會英勇，是運氣好。有人出手打鄭弘儀，三立以外的電子媒體們樂得幫忙踢一腳，特別是政治立場與三立一致的民視，更不手軟。鄭弘儀在民進黨壯大後義正詞嚴、慷慨激昂地高喊愛臺灣，和民視藉機批鄭弘儀，關鍵不是政治，是市場。

陸生還沒到臺灣唸書，就背負了搶佔臺灣資源的汙名，但陸生來了後，沒辜負陸委會的期待。我在大學校園演講或座談，座中若有學生特別專注，頻頻發問，一定是陸生。陸生拼命唸書也拼命玩，臺灣經驗成為他們成長過程的重要印記，這是臺灣面對兩岸關係的資產。

陸生來臺後，應否納入健保的討論，再度讓陸生背負汙名，在臺外籍生都可以加入臺灣健保，臺灣社會反對陸生有同樣的權利。反對陸生納保的輿論說，當全民健保變成全球健保，破產也只是剛好而已。

二〇一五年時陸生有五千九百八十一人，不能參加健保，陸生加保是否會沖垮健保，可以拿和陸生相同年齡層的境外生為借鏡。

僑生部分：

在二〇一四年時有一萬六千零九十七人，自付保費一億四千多萬，使用健保六千萬。

在二〇一三年時有一萬四千九百二十九人，自付保費一億三千多萬，使用健保六千萬。

外籍生部分：

二〇一四年有一萬一千三百五十六人，自付一億，使用零點四五億。

二〇一三年有一萬一千二百六十三人，自付一點零一億，使用零點四八億。

境外生繳的保費遠超過他們使用的健保資源，一倍有餘，多繳的都用在臺灣人身上；陸生的年紀與健康情形與外籍生相當，若納保，陸生多繳錢的將被健保拿來醫護臺灣人。

反對陸生納保者質疑，若陸生仿照外籍生加保，政府將補助其保費百分之四十，每月約五百元，是拿納稅人的錢補貼陸生。名醫施景中便宣稱自己不反對陸生納健保，只是不能接受政府要拿人民納稅錢去補貼陸生四成保費，他說：「十多年前我們的前輩在美國進修，一個月就要自己繳一萬五千元的保險費了，怎麼，美國沒有普世價值嗎？」

施景中以為美國經驗就是世界通例。談健保，美國恰好是最糟的例子，遠遠不及英國以及歐陸。長期以來醫療服務在美國市場機制掛帥，近兩成的美國人看不起醫師，有病自生自滅碰運氣，欺負小百姓的商業保險是美國的恥辱。施景中談「補貼四成保費」時也講錯了，政府出的保費不是進入外籍生或陸生個人口袋，而是全部放在健保裡，誰有需要就用在誰身上。依境外生繳多用少的現況來說，「納稅人的錢補貼的四成保費」就是用在臺灣人身上。

蔡英文總統執政後，新政府不想捲入保費「補助」爭議，提議陸生加保後，全額繳保費，並把外籍生也拖下水，原本每月交七百多元保費的外籍生，按照蔡政府提案，以後每月得交一千兩百多元。

當薪資三萬的臺灣年輕上班族，月繳保費四百四十六元，而年齡相近的境外生月繳保費要七百多，相當於工資月入五萬者要交的保費，本就不合理，何況要交一千兩百多元。而境外生是沒有收入的，他們沒從臺灣賺走錢，反而帶了一堆錢來到臺灣花，學費、房租、交通、吃喝請客，加上爸媽來臺探親兼旅遊採購。還有納稅，他們買罐可樂、看場電影，大部分的花費臺灣政府都課了稅。中華民國政府與臺灣人民都用了他們的稅金。儘管居留期間有長短，他們都是在臺生活的臺灣居民。

我國《健保法》明訂健保為社會保險，其立法要旨承接了中華民國憲法社會安全篇載明的公醫制度，清楚標舉健保不是自負盈虧的保險，而是國家有義務以財富重分配的手段，來落實健康人權的保障。這個源自社會主義的進步概念，挑戰的是人類自私的生物直覺，主張人飢己飢，而不是相互嚙食。如同其他的社福措施一樣，健保要讓窮人不被醫院拒收。但健保不只是照護弱勢，也不是有錢人的慷慨，而是要還給經濟弱勢者應有的公道，讓資本主義發展過程中被掠奪的薪水階級，其基本人權得以保障。

當反對者以虧損為由反對陸生納保，他們不只算錯了，他們的立論還排擠了本土的弱勢族群。

當馬政府規劃陸生納保時，疾管局副局長施文儀發聲反對，他說：「外國人沒繳納過一毛稅，要求他們一定要有臺灣的（商業）醫療保險才准居留簽證。」他主張外國人的部分該精算。

的確該精算，算一算居留在臺的外籍人士與外籍生對臺灣經濟是否毫無貢獻，特別是外勞，以及外籍看護。施文儀的精算說，恐懼於外籍人士對醫療資源的耗費，無視於其對本土社會整體發展的貢獻，是斜視也是窄視。移民與當地社會，相互依存，這是現代移民研究的共識，少了移民，經濟發展會崩盤。且移民必須被納入社會安全網，國家有義務承擔其萬一不幸發生的死亡、工傷與生病，以免拖累整個勞動家庭與雇主，這是多數已開發國家的實務作法，納入醫療照護體系只是國家建構合理勞動環境的一項基礎建設。外籍生與本地學校，除了相互依存，更有著相互提升的關係，我政府每年提供臺灣獎學金吸引各國學生來臺進修，著眼於培養親臺的未來各國菁英，也俾利臺灣校園的國際化，此一效益該如何精算？

防疫是跨境與跨族群的工作，把長期居住的外籍人士與外國學生納入國家健康照護系統，有利於整體社會的公共衛生。世界衛生組織、Doctors of the World等國際組織，對外籍人士的健康照護都發布過研究結論或聲明，他們強調，把外籍人士排除在國內的健康照護系統之外，就容易出現防疫工作的漏洞，造成篩檢與推廣疫苗的困難，影響整個社會的健康，讓國家、人民耗損更多的醫療支出。

在臺灣，職司防疫者卻不瞭解防疫網的基本常識。施文儀如果曾有孤身在外國半夜惡痛的經驗，連該不該花個錢搭計程車到醫院都得在疼痛中盤算，他就會瞭解，把對當地經濟有貢獻的外籍群體排除在國家照護系統之外，以商業保險為手段，提高其就醫門檻，讓其在病痛中為醫療費用而盤算掙扎，這是苛政。

反對陸生納健保者，還主張基於對等原則，因為臺生在大陸無健保，陸生在臺灣也不該有健保。蔡英文總統的留學經驗恰可以破解這類說法。蔡英文總統在英國唸書時，做為外國學生，她落地的那一刻，就享有英國的公醫服務，英國政府沒有因為臺灣當時沒健保，而否決了蔡英文同學的醫療權利。涉及居民權利，不講對等原則，例如英國人若在臺灣犯罪，其作為犯罪嫌疑人的權利，就依臺灣法律規定，而不是看英國如何規定。

英國政府也沒有因為蔡總統是外國人，就要求她多付錢才能看病，英國沒有衡量外籍學生對英國經濟貢獻了多少，才決定要讓其病死宿舍還是住病房。英國的國家健康照護服務（ＮＨＳ），國家出錢，小病，病人要付點藥費、大病從檢查吃藥到住院手術都不用錢。在英國，他們的公醫制度明確規定政府對人民有醫療照護的責任，長期居住在這片土地的所有人，包括留學生，都可以得到整套的醫療照護服務。即使是沒身分證件的移民（偷渡客），ＮＨＳ會把他們納入，醫院絕對不會向境管單位通報。英國作為一個福利國家，ＮＨＳ是其社會福利體系重要的支柱，二〇一二倫敦奧運開幕式中，ＮＨＳ甚至被搬上表演舞臺，是英國向世界炫耀的光榮資產。

所有反對陸生健保的主張，表面上關心健保損益，吵弄的是認同政治。把外籍人士當成健保虧損的替罪羔羊，使得臺灣人因為害怕自身權益受損而排擠外人，人們以國籍與種族為界而相殘。名醫施景中說「你們（國民黨）要抱中國人的大腿，中國學生、中國白領階層會感激你們這些人的『恩賜』嗎？」陸生張逸帆的公開發文，一語戳破了這類臺灣人坐井觀天般的自大，他說：「你們的健保很好，但我從未向你們乞討。」一道盡了他旅臺四年所承受的誤解。

吵了十年，陸生健保始終沒上路，二〇二〇年新冠肺炎陰霾下，還是有政客高舉認同作為檢驗健保資格的標準。民進黨立委林俊憲主張限縮臺商與陸配子女的健保權益，基進黨立委陳柏惟高舉「專制共產禁用民主健保」標語，主張檢討某些陸配與他們子女的居留資格，使其無法加入健保，並減縮外籍人士權益。如果真依照他們的倡議，不但無法為健保撙節支出，反而擴大耗損。

關心健保支出，必須面對殘酷的事實：六十五歲以上的臺灣人，花掉的健保資源，平均每人每年約六萬多元，是其他年齡層的三到六倍。歲月無情，是健保鉅額耗損的主因，陸配、臺商、外配和其子女，這些青壯族群不是罪魁禍首。

健保要永續，需要多些年輕人繳保費，少些老年人到醫院，臺灣社會的高齡化與少子化才是永續的殺手。陸配與其子女，加上外配和他們的下一代，這些臺灣家庭，協助臺灣社會減緩了人口危機，他們繳的保費是健保的資產，他們繳的稅，也是政府挹注健保的財源。林俊憲與陳柏惟談的根本不是健保，只在談族群。

林俊憲與陳柏惟藉著炒作認同，指控臺商、陸配和他們的小孩是敵對勢力的一部分，不只要求限制其健保資格，藉著新冠肺炎的恐慌，他們所屬的陣營，抨擊想回臺的臺商與家人，包括陸委會口中的「小明」，也就是持有大陸戶籍，擁有臺灣居留權，長期在臺生活、就學的幼童。只因為寒假到大陸訪親，碰到疫情，政府不讓「小明」們回臺。「國民優先」原則成為政府排擠陸配與其子女的藉口。

尖峰時的捷運站，焦急的旅客無法同時擠上車廂，資源有限，誰可以先上車？國民優先原則？當然不是。先來後到依序排隊。

若撞見臺灣男性正強暴脅迫外籍女性，該幫誰？站在臺灣人的立場協助強暴外籍女性？警察趕來，應該幫臺灣人對付外國人嗎？當然不是。

國民優先原則，通常是錯的。喬治城法律教授David Cole討論外國人是否與美國人享有同樣的憲法權利時，他檢視美國憲法與相關判例，認為外國人一般而言，與美國人同樣受法律保護，當涉及他們的自由、生計與財產時，外國人有權得到公平程序的對待。

所以國人優先不是鐵律。在忙碌的急診室裡，有外勞，有臺灣人，誰該先看醫生，醫師疲於奔命的情形下，以傷勢嚴重為優先，而不是考量國籍。

新冠疫情緊張，如同忙碌的急診室，資源有限，誰先誰後，誰可以受到照護，誰該被排除，這條界線該如何畫，醫師以專業評斷，依需要而定，國籍絕對不是首要的分類標準。父親是中華民國國民，媽媽是陸配的小明，沒有中華民國戶籍但有居留權，他是臺灣居民，有權進入臺灣。疫情指揮官陳時中卻說「國人優先，量力而為」，所以小明不能回臺，這是安撫網路上群情激憤的政治語言，不是專業判斷。小明，這類的例子或許樣態多元，但人數極少。小明和臺商、陸配都一樣有權回臺，但人數與臺商相比，即使用最寬鬆的算法，真有回臺需求的小明們還不到臺商總數的萬分之二，何況不是每個小明都染病風險高。小孩子的旅遊史單純，不像爸爸會應酬、出差談生意。爸爸可以回來，小明不行；跟爸爸風險類似的一萬個人，臺灣境管沒關門擋人，但只有萬分之二的小明，政府閉門而拒。這不是醫療專業考量。

因為醫療資源有限，因為人性自私，任何人的小孩若染病，當然希望得到最好的照顧，希望別的小孩不要佔了醫療資源，所有的家長都是一樣的想法，政府該如何因應？誰先誰後該怎麼辦？人性自私，政府該堅守的界線就是法治原則。在法治原則下，小明該回臺。

陳柏惟等人高喊「在臺灣國民身上挖肉補貼侵略勢力」，就好像急診室裡，用病患的政治立場來決定就醫的先後。

林俊憲與陳柏惟的認同政治遮掩了健保真相：他們譴責的這些人對健保的貢獻多於從健保得到的好處；這些人繳保費、繳稅，該繳的逃不掉；這些人貢獻於臺灣經濟發展：臺商賺錢讓在臺的家人花用，臺商幫臺灣製造業打進大陸市場，臺商串起兩岸產業鏈，前進世界市場，沒有臺商，臺灣服務業、製造業傾垮一大半。

若說一切問題源頭都因為中國大陸是敵人，所以與敵對勢力唱和者，即使拿的是中華民國護照，也是非我族類，不只健保要防止他們侵蝕，防疫醫療也要防堵他們，那有本事的話，就不要與「敵人」打交道，應該立法禁止臺人當臺商，敢不敢？二〇〇三年陳水扁總統執政時，臺灣對大陸進、出口總額分別為一百零九點六二億美元與三百五十三點五八億美元，都創下歷史新高；貿易總額為四百六十三點二億美元。大陸首度超越美國、日本，成為臺灣最大貿易伙伴，從此臺灣經濟深度依賴大陸，不是大陸要依賴臺灣。炒作認同政治的立委們沒有膽，只敢耍嘴皮子藉著罵中國大陸操弄族群政治，不敢真的與中國大陸斷絕往來，這點是操弄認同政治者最害怕承認的真相。

14 中華旅行社走入歷史

臺灣「陸委會主委」賴幸媛今天上午舉行記者會，宣布臺灣駐港機構「中華旅行社」，將從這個月十五日起，正式更名為「臺北經濟文化辦事處」。臺灣駐澳門機構「臺北經濟文化中心」也自即日起更名為「臺北經濟文化辦事處」。

賴幸媛強調，臺灣駐港、駐澳門機構實質功能與地位都大幅提升，未來臺灣派駐香港和澳門的人員，都可以獲得類似駐外人員的優遇安排，而香港和澳門特區政府未來也將來臺設立綜合性的辦事機構。

賴幸媛今天穿了一襲紅色外套，在副主委劉德勳、高長和港澳處長朱曦的陪同下喜孜孜的宣布這項喜訊。

康子仁，二〇一一年七月四日〈**賴幸媛：港澳將在臺設立辦事機構**〉，中評社

「一九五七年九龍大暴動，政府對左右派的平衡政策失控，雷洛一方面成功遏制騷亂，廣捕暴民，安定社會有功；一方面又得岳父白飯魚金錢支持，榮升探長，月薪二百八十元。當時九龍太子道一層千呎洋樓市值五萬元。」這是香港電影《五億探長雷洛傳》裡的一段旁白，電影裡，唱著中華民國國歌拿著青天白日滿地紅旗的右翼青年，和唱著國際歌舉著社會主義標語的群眾對峙。描繪香港警界霸主的電影《一代梟雄三支旗》，也有類似的劇情。這場景並非虛構，指涉的是一九五六年的香港雙十暴動，有香港居民與工人為慶祝雙十節，張貼青天白日滿地紅旗，被廠方與香港官員撕掉、禁止，支持中華民國的香港右翼工會與黑幫發動大規模示威抗議，歷經一個多月，約六十人死亡，超過一千人被捕，中國國民黨港澳總支部祕書被驅逐出境。從此中華民國政府機構不能以官方名義於香港活動，只能以「中華旅行社」名義運作，雖然中華民國政府有官員派駐香港，但與港府沒有正式聯繫管

道，遇到涉及在港臺人權益事項，不能單刀直入，打起交道來迂迴曲折。

二〇〇九年臺籍嫌犯陳竹男在香港被捕，他涉嫌擔任詐騙集團的車手，八月十六日於香港荔枝角收押所昏迷，搶救後不治。當時楊家駿擔任我政府駐港事務局局長，對外的名義是中華旅行社總經理，他收到一封中文信，香港監獄裡一名巴基斯坦籍囚犯S請華人囚犯代寫的，揭露陳竹男死因不單純，被懲教署官員毆打而死。我政府與香港官方無正式往來，沒有管道可以追查，死的是我們臺灣人，但也不能魯莽行事。為何巴基斯坦囚犯不自己用英文寫？多一個人涉入寫信，就多一份洩密的風險；為何寫信者知道要寄給中華旅行社？知道中華旅行社是臺灣官方機構的人不多。楊家駿首先想辦法查核信件真偽，他假裝是巴基斯坦囚犯的朋友，用巴基斯坦口音講英文打電話到監獄探詢，確認真有S這個人。

楊家駿回臺述職時，我看著這封信，請教楊局長：「巴基斯坦口音我學不來，您怎麼那麼厲害？」他學給我聽。我看著信，提了些看法，巴基斯坦囚犯或許會講多種語言，但不識字。我就有巴基斯坦朋友，往來亞洲各國的成功商人，言語靈活，卻不識字。我提供了些我有限的英國監獄經驗，認為這信很可靠，囚犯喜歡告密，當抓耙子出賣別的囚犯，可以在獄中得到好點的待遇或是獲得出庭作證的機會。但囚犯私下舉報監獄官員，不單純。

楊家駿對這案子一直不放棄，向香港政府提出嚴正關切，香港政府遇到臺灣議題，謹小慎微，總給臺灣穿小鞋，礙手礙腳，但楊家駿做到了一點：讓香港政府不敢吃案。他要港府交出真相。

案情突破的關鍵之一，是一位在場證人，大陸籍的囚犯，事發時他不敢挺身作證，怕也被打死，後來他被送到別處囚禁，蹲了一陣子牢，二〇一一年，被釋放前，押回荔枝角收押所，當晚就夢到死者托夢，也夢到當天死者被慘打的情形。此後半年，幾乎天天都夢見死者，日夜魂不守舍，終於把他所見所聽全盤供出，他說看到陳竹男被懲教主任等三位懲教署官員拖到廁所，聽到陳竹男用國語喊著不要打啦。

這案子，陸委會相關同仁多方協助死者家屬。楊家駿回臺述職或休假時，多次帶禮物去探視死者的父親。

死者身上有一百一十七處傷，死者爸爸在臺灣接到噩耗，拖著罹患肝癌的病體，從高雄飛到香港，駐港同仁魯仲尼陪著他去看視遺體。陳老先生說：「遺體孤零零在那理，我做爸爸的一定要進去看最後一面，死要認屍，你非親非故的，這不是什麼好事，沒必要進去」。這是一個可以親眼檢視的機會，雖然慘不忍睹，魯仲尼說不怕，堅持要全程陪著。魯仲尼往前走的這一步，推開了殮房的門，也逐步掀開疑案黑幕。

白髮人依習俗不祭拜黑髮人，陸委會同仁就以家屬身分為陳竹男送終，陳竹男在異鄉走得冤枉，後事淒涼但不孤單。同仁幫家屬找律師協助，律師只收一塊港幣。案子水落石出後，涉案的懲教署官員被判刑。

二〇一一年，臺灣與香港的官方關係，有歷史性地突破。七月四日，賴幸媛在記者會上宣布，她將前往香港，把我政府駐港辦事處用了四十五年的「中華旅行社」招牌卸下來，更名「臺北經濟文化辦事處」，新的名字和中華民國在非邦交國所設立的外交代表機構一模一樣。現場一位有駐港經驗的記者，發問時先向賴主委說恭喜，他說，臺灣駐港官員香港政府與打交道時，香港常迴避、閃躲，給臺灣穿小鞋，中華旅行社得以更名，是難得的突破。

賴幸媛將於七月十八日啟程，先到澳門，因為我方也與澳門政府達成協議，我駐澳代表處一併更名。七月十九日，在澳門主持更名儀式，七月二十日在駐港辦事處換招牌，行程已規劃並對外宣布。七月十五日禮拜五，接下來是週末不上班，隨行陸委會同仁申請的港簽還沒下來，有點擔心被阻撓，整個行程去不成。港簽名義上由香港核發，但港府一定得等北京點頭。資深的陸委會同仁說，港府會等到最後一刻才給港簽，稍稍刁難但並不阻擋，歷來如此。

我打電話到北京，說我也要跟著賴老闆到香港，到底給不給我去。對方藉機說了我一頓，抱怨陸委會對媒體發佈時，沒有彰顯大陸的善意。對方說：「你們公司的說法，影響挺大的，我們內部商量，根本不是你們說的這回事，不應該都說成是臺灣單方面的突破。那個旅行社的功能高了，但你們不應該一直強調它的官方性質。你們應該瞭解這是兩岸互動下的善意，希望你們講話過份的部分到此為止。」

我請對方再詳細解讀陸委會的新聞稿。新聞稿裡寫著「與香港政府啟動協商，雙方歷經多次密集磋商，在秉持善意、務實、互惠的原則下，終獲得重要共識」，大大稱讚了香港，而且我方用字謹慎，談到駐港同仁獲得的禮遇與辦事處功能的提升，新聞稿裡寫的是「駐港機構及人員各項執行業務上之相關便利禮遇措施，包括免徵薪俸稅、合理居留期限、免收簽證手續費、視業務需要進入機場及港口禁區接送我方重要官員或貴賓、使用禮遇通道或設施等。」一大串文字，就是避免用到「外交人員禮遇」、「領事功能」等字眼。

不只如此，陸委會新聞稿裡，「三年多來兩岸關係的改善，使得臺灣的國際空間更加寬廣，與香港的關係也獲得進展，讓我們在國際社會、亞太區域活動，能扮演更積極的角色。」清楚地把「與香港的關係」和「國際空間」，並列，提到國際社會時，也加上了亞太「區域」活動，意思是臺灣與香港的關係不是國際關係。這點尺寸，陸委會自有拿捏。

電話那端，藉機又質疑了些賴主委近日的言行，要我看看反映北京立場的中評社罵她的評論，文章裡說賴幸媛尾巴都翹起來了。港簽的問題對方仍不願表態，畢竟形式上，這是港府的權限，應由港府回覆。我追問了幾次，我說：「打包行李我要花點時間，到底要不要打包？」最後對方笑說：「該準備的就準備吧。」就是不提港簽、不鬆口，不過意思也差不多了。

這趟港澳行，高興且緊張，怕漏掉了歷史時刻，行前我嚴厲警告負責攝影的同事，一到了港澳，我得顧頭顧尾，盯著媒體的現場反應與出席的來賓，無法分心支援，要同仁設想好可能會碰到的狀況，屆時自己的問題自己排除。想到攝影是個危險的工作，有同仁在大型記者會時與新聞記者搶位，電視臺攝影大哥惡狠很地把肩上的電視攝影機往她的頭頂砸。賴主委到港澳，媒體擠爆，風險更高，我應該幫同仁加保意外險，結果行政單位說沒這規定，不行。

到了香港，攝影同仁沒在推擠中受傷，倒是跟著主委跑行程時，幾次車還沒停好，同仁就拉開車門往下跳，以便拍主委下車、港府官員歡迎的畫面。為了拍主委上叮叮車的畫面，車子開了，同仁來不及上車，跑在電車軌道上追車。這場景風格很復古，我罵說，妳在演好萊塢愛情片嗎。

彩排更名儀式時，我扮演主委，卸下舊招牌，換上新招牌，攝影同仁藉機測光、試拍。想到百年後，萬一有人看到這些照片，以為更名是我的功勞，歷史誤會，刪掉。

從一九六六年起，臺灣駐港機構就一直以中華旅行社名稱對外運作，政府派駐香港的局長對外頭銜為總經理，無法表現出政府派駐機構的事實，港府官員也多不願與我駐府官員直接打交道，遇到在港臺灣人的急難事宜，駐港同仁與港府交涉，管道不順暢。在英國殖民時代，或是後來香港移交給中國大陸成為特別行政區，陸委會曾多次試圖與港府溝通，但不成功。賴幸媛任內，中華旅行社更名，臺灣駐港辦事處功能提升，駐港官員也與港府建立聯繫管道，這些歷史性的突破，陸委會港澳處是功臣，臺灣「臺港經濟文化合作策進會」與香港的「港臺經濟文化合作協進會」，所建立的平臺，也是改善臺港關係的關鍵，這個平臺，如同兩岸的海基會與海協會，形式上是民間的平臺，實質上兩邊政府官員直接對接。

二〇一〇年，臺灣的臺港策進會與香港的港臺協進會在臺灣舉行第一次聯席會議，兩地政府官員史上首次同臺，賴幸媛主委的講稿裡提到了孫文。被中華民國奉為國父的孫文，一九二三在香港大學演說提到：「我之思想發源地即為香港。至於如何得之？則三十年前在香港讀書，暇時輒閒步市街，見其秩序整齊，建築閎美，工作進步不斷，腦海中留有甚深之印象……我之革命思想，完全得之於香港。」

賴幸媛的演講提到了當時港臺熱映的香港電影《十月圍城》，片中孫文和興中會成員密謀革命、矢志創建亞洲第一個民主共和國，「孫文護衛隊」成員情義相挺、以身殉道的身影，風靡了些臺灣觀眾。

孫文在香港成立了興中會總機關、出版《中國日報》、參與籌劃廣州起義與惠州起義等武力革命，當時的孫文三十出頭。孫文等人的故事，是無情歷史洪流中，青年男女們的熱情與癡情，鮮活地發生在香港這片土地上。藉著孫文，賴幸媛定調香港不只是中華人民共和國轄下的香港，也是創建中華民國的發源地。在港府官員面前，賴幸媛講出中華民國政府存在的客觀事實，凸顯陸委會的官方性質。

賴幸媛當著香港高官大談武力革命，讓一向對國民黨冷嘲熱諷的蘋果日報也側目。香港蘋果日報評論說：「曾俊華聞革命，淨係講食。」蘋果日報寫道，賴主委以豪邁語調指出「香港，是國民革命的發源地」時，港官對武裝革命，坐立不安，直情面如土色。臺灣高官做足功課，由近而遠以百年歷史講臺、港關係，「財爺」曾俊華說的是，臺港兩地街頭美食可以互補，臺灣有鳳梨酥、小籠包，他最愛；香港絲襪奶茶、蛋撻、菠蘿油、西多士等，大力推薦給臺灣同胞。

港府若要避談孫文的武力革命，論臺港的淵源，除了小吃，還有很多可談。因為鴉片戰爭，香港淪為英國殖民地，而臺灣也曾是大英帝國貿易侵略的目標。一八六八年英國軍艦到臺灣，向安平開炮，摧毀了大量的民居和商鋪，隨後英國陸戰隊登陸，清軍將領江國鎮自盡，英國差點占領整個臺灣。臺灣與香港，都曾被殖民主義威脅而歷史擺盪。

檢視香港與臺灣的都市計畫與公共衛生史，有相同的濫觴。一八九五年甲午戰爭後日軍入侵臺灣，一百四十六名軍人死於戰役，卻有四千六百四十二人死於瘧疾，兩萬六千多人受到感染，兩萬一千多人送回日本醫治。一八四〇年代駐港的英軍也是受困於疾病，不是死於砲火，在香港西營盤的砲兵，四分之一死於瘧疾，一半的士兵因病無法工作。兩地的殖民者都被疾病打敗，因此在殖民地推動公共衛生與都市計畫，為了自己的生死安危，而不是以殖民地整體的建設發展為考量。

不談遠古，談現代，香港的影視流行文化深刻影響臺灣社會，港星是臺灣電視綜藝節目的寵兒，香港新浪潮電影與臺灣新電影相互影響，共同挑戰商業傳統。臺灣社會也有豐富的香港觀察，詮釋香港殖民史的文學鉅作，《香港三部曲》，作者是鹿港人施叔青；寫《東方之珠》的羅大佑，也是臺灣人。臺灣與香港的關係當然不只是小吃。

談港臺歷史淵源，賴幸媛的講稿另有深意。賴幸媛說，因為這段中華民國武裝革命的歷史，讓她這位生於臺灣、長於臺灣的「正港臺灣人」，覺得與香港血脈相連。當初寫下這句，有弦外之音：香港以及香港遙奉的北京政府必須正視中華民國存在的客觀事實，若沒有中華民國，土生土長的臺灣人與香港何關？因為中華民國，臺灣與香港的血脈更濃，這個血脈，不是種族的修辭，指的是華語的精髓——正體文字，在臺灣與香港都獲得了保存，兩地語不同音，但書同文。這個血脈，表面訴諸血緣其實強調政治意涵：祖先來自中國大陸的居民在這兩塊土地上開展了和中國大陸迥然不同的生活方式與政治制度。血脈相連，不只是因為中華民國上世紀濫觴於香港，今日居於臺灣，也因為一九四九年國民政府敗離大陸後，有香港人仍以中華民國為正朔，雙十節掛著青天白日滿地紅旗。更重要的是，孫文在香港組織革命宣傳的三民主義，在他去世後在臺灣土地上有實踐的機會，臺灣的土地改革就是民生主義的範例。

面對香港，堅守中華民國立場，也是我在二〇一九年的反送中浪潮中，藉著專欄文章給臺灣藍營的建議。一九九七年香港政權移交，七月一日香港時間〇時〇分，是倫敦夏令時間下午五點，中國城的馬路上，店家擺出了大電視讓路人圍觀交接典禮，英國國旗降下那一刻，有幾個人歡呼，被輕聲制止。米字旗收起來了，中華人民共和國國旗升上旗竿那刻，群眾歡呼。那時的倫敦，少見來自中國大陸的華人，唐人街上多是來自香港的僑民。二〇一九年，在倫敦街頭，我看到的年輕香港人，數百人遊行在鬧市，高喊反送中，手上標語大大寫著香港人不是中國人。一九九七年的倫敦香港青年，歡迎中國；二〇一九年的倫敦香港青年，高喊港獨。是港府的治理、北京政權與香港人心的疏離，催生了二十多年前根本不存在的港獨。面對香港反送中運動，臺灣藍營無須躊躇，該當指出香港治理的失敗。

不只說給香港人聽，也是說給臺灣人聽。如果堅持中華民國憲政，主張中華民國是個主權獨立的國家，當香港人擔憂既有生活方式被改變時，藍營更應表態指責港府，藉以宣示守護臺灣的生活方式，不因為與中共打交道而影響臺灣的政治制度。香港的反對運動不該定調為泛民煽動的反共恐懼、顏色革命。反送中如同臺灣的太陽花運動，當然有民粹，有族群主義，但對大陸統治的恐懼，具體存在，不是西方媒體的誇大，香港年輕人有其對經濟前途的現實憂慮，就好像臺灣太陽花運動現場，當我席地與學運學生談時，感受到了同樣的憂慮。

15

下個母親節，不再流淚

尊敬的賴主委：

非常感謝主委這次為我和劉茜的小孩開一條路，讓我們母子得以團圓。

今天我辦好了女兒來臺探親的送件手續，到現在我仍然覺得自己是在做夢，我真的可以和女兒長住一起，我女兒真的可以結束孤兒似的生活了，我以後不用再擔心她生病時是否有得到及時的照顧，不用再擔心變天時會不會穿不適當的衣服而感冒，不用再擔心她餓的時候是不是有得吃……總之，我的孩子終於有家了，這個家是主委您幫她建立起來的，是您讓她有機會從沒媽的孩子變成有媽的孩子。

上次我和劉茜在陸委會有機會與主委合拍相片，是我的榮幸，也是我的信心來源，每當我心灰意冷的時候，我就看這張相片，告訴自己一定要對主委有信心，因為我知道您這一年多為了爭取陸配的權益費了相當多的心力，這是我們所有陸配的福氣。

叩謝人：鄭小文

鄭小文，二〇一〇年寫給賴幸媛主委的信

賴幸媛在兩岸一甲子晚宴上的談話，大陸方面印象深刻；她推動的陸配權益改革，我向大陸智庫闡釋理念時，對方動容。

在兩岸恢復制度化協商初期，大陸對陸配的關心，不及對熊貓的熱心，陳雲林初訪臺灣，有陸配組團接機，想見陳雲林這位來自老家的領導而不可得。對部分中國大陸官員而言，某些陸配，那些來自偏鄉、經濟較弱勢、經由仲介而締結姻緣的陸配，是崛起的中國社會裡，不是那麼光榮的印記。有點富人不認窮親戚的味道。

從二〇〇八年起，賴幸媛逐步推動陸配權益改革，也引領了大陸官方對陸配群體的重視，二〇一二年六月中國大陸民政部成立「海峽兩岸婚姻家庭服務中心」。

二〇一二年八月大陸國臺辦主任王毅呼籲臺灣重視在臺陸配合理訴求，取消人為限制和歧視，陸委會同仁看著這訊息不覺莞爾，很客氣地公開回應：「大陸方面最近開始關切在臺大陸配偶權益議題，是兩岸良性互動下的正向發展，期待臺灣社會長期以來對移民人權的關注與努力，能促成兩岸公民社會的相互提昇。」短短幾句話，不是要與大陸鬥嘴，臺灣政府對陸配權利關注較早，婦女權利方面，例如產假、育嬰、哺乳時間等，大陸則較臺灣進步，真心期待兩岸就社會人權議題相互影響，往上提升。

陸配權益改革，不只是實踐人道理念，還有深刻的政治意義，為臺灣社會建構健康的族群關係，為兩岸關係打下長遠和善的基礎。我偶會遇到陸配紅著眼睛說，她念小學的孩子回到家，哭著跟媽媽講她在學校被欺負，同學笑她：妳媽媽是大陸妹。小孩子說，媽媽妳在大陸生活好好的，為什麼要到臺灣來。歧視是仇恨的種子，臺灣社會如此對待陸配，我們如何期待他們的小孩長大後沒有怨恨？

我旅居英國時，每隔幾年就會看到亞裔小孩與白人小孩街頭幹架的新聞，規模大者，數百人群毆。在英國，亞裔通指印度、巴基斯坦，亞裔小孩在英國社會的形象就是會唸書，長大後當醫師、律師、公務員。街頭衝突常源自於校園裡的種族歧視或攻擊，然後亞裔小孩與白人小孩各自呼朋引伴開戰。小孩打群架，警察得介入，警察一介入，警察就遭殃，警察被打，警車被翻，甚至被燒。小孩子打架升高為刑事案件，原本的好學生、乖小孩被判刑、留案底，人生前途從此轉了彎。

看看英國的例子，想想我們到底要給臺灣的小孩，包括陸配的下一代，怎樣的成長環境。兩岸關係所以複雜，在於這不是臺灣前途理性選擇的議題，而是感性的認同問題，牽涉了臺灣人面對中國大陸時的自傲、自卑或歧視，臺灣人意識與統獨主張糾結。如果期待二十年後，會有陸配的小孩當上中華民國總統，就像美國的歐巴馬，那臺灣社會現在該做好準備，建構健康的成長環境，讓臺灣不會因為族群議題而衝突流血。

對於陸配的處境感同身受，和我旅居英國的生活經驗有關。在英時深刻體會寄人籬下的感覺：曾經在火車站月臺上被青少年喊「yellow」；從事法律服務工作時，看到英國仲介違法苛扣移民勞工的工資，英國的食品業者雇用包括華籍在內的外籍移工，以勞動派遣的方式將勞動力外包，透過仲介業與工頭壓低人事成本。移工所得，遠低於法律的最低工資規定。

我生活在外國時，不希望被外國人歧視；當回到臺灣，也希望這片土地上的人，不管是新住民或原住民，都能相互平等對待，己所不欲勿施於人。曾經陸配與外配在臺灣沒有工作權，有陸配幫賣麵的先生結帳、收碗盤，鄰居檢舉，警察取締，陸配便被遣返大陸。恩愛的夫妻被迫分離，小孩不知該讓誰帶著，下次團聚更待何時。賴幸媛主政時，陸委會推動修法，將工作權還給陸配。我常與反改革者談：如果您家小孩因為嫁娶外國人，住在美國、英國，但是當地政府說，抱歉，因為你是外配，不能工作，不能賺錢。這公平嗎？您的小孩不管是大學畢業、博士學位，是科學家或是藝術家，他只能當米蟲待在家讓另一半養？陸配有工作權，陸配可以賺錢養家，協助先生多存點錢，扶養他們生下的臺灣之子，照顧公婆，陸配的工作權就是這些臺灣家庭的生存權。

為了推動改革，賴幸媛親赴立法院五十八次，遊說立委，推動《兩岸人民關係條例》修正案以及相關制度的修訂，改善這些臺灣媳婦的不平等地位。改革通過後，陸委會同仁兩天內接到四百通反對電話，民眾抗議說：臺灣人都沒有工作了，你們還讓大陸人來搶我們的飯碗。

陸配享有工作權之後，賴幸媛與我曾在臺中高鐵站的臺灣精品店遇到一位陸配，她是店經理，大學畢業，來臺四年。她抓著賴的手說，謝謝賴主委，我剛來臺灣的前兩年，因為不能工作，不敢工作，但是看著先生很辛苦，家裡只有一份收入，在家裡悶得發慌。現在可以工作了，覺得生活踏實多了。

臺灣自古就是移民社會，四百年來一直都是。臺灣人稱呼另一半「牽手」，這個非常本土、閩南話的稱呼，其實就是漢人男子向平埔族女子求婚的儀式。《彰化縣志》記載：「男送檳榔，女受之，及私焉。謂之牽手。」「牽手」，儀式簡單而浪漫，象徵平埔族接納漢人，倆人互相扶持、一生同甘共苦的承諾。四百年前，臺灣土地上的原住民接納了漢人的祖先，不分閩、客，本省人都是移民的後代，閩、客移民應以同樣開闊的態度歡迎新住民。

陸配劉茜與鄭小文，是陸委會推動陸配權益改革時，最令人揪心的案子。

第一次見到鄭小文時，兩百多位陸配正聚集陳情，鄭小文與劉茜兩位的處境特別心酸，似乎在陸配圈很多人都知道，我剛負責陸委會主委辦公室，一走到陳情現場，幾位陸配姊妹就趕忙到人群裡拉她過來。站在我面前，新移民勞動權益促進會的王娟萍理事長鼓勵鄭小文說出她的陳情，她還沒開口，眼淚簌簌就流下來。

鄭小文和劉茜都是因為跨境婚姻而與前婚生子女分離。跟著先生住在臺灣的她們，身分是居留的大陸人民，不是有臺灣戶籍的中華民國國民，儘管是臺灣家庭的一份子，她們前段婚姻生的骨肉卻不能跟著媽媽來臺住在一起。劉茜的小孩彭小弟十歲，小文的女兒更小。獨自在大陸的彭小弟遭劉茜的前夫棄養後，生活無依，偷東西被公安抓，衣服被寫上「小偷」兩大字遊街示眾三天，劉茜得知後泣不成聲。她跑到立法院，一個立委也不認識，聽說徐中雄委員和委員辦公室的陳雪慧主任關心移民權益，她向立法院研究會館的接待櫃檯說要找立委陳情。陳主任到大廳看看到底怎麼回事，劉茜一開口人就跪了下來：「只要給我條路，我為妳作牛作馬都可以」。

在這之前，為了跟小孩團聚，劉茜窮盡方法。她先要求前夫送養小孩，由現在的先生收養，在大陸完成公證等法律程序，然後向臺灣法院聲請。因為先生已有子女，當時的兩岸關係條例規定不能收養大陸人民，劉茜的聲請被駁回。找個臺灣人來收養自己的小孩，便成為劉茜剩下的唯一途徑。她拿著菜籃在菜市場、火車站與市立療養院發傳單，看看有沒有好心的陌生人願意出面收養她的小孩，被趕過幾次，還是有空就去發。為何跑到市立療養院？劉茜告訴我，她猜想那裡可能會有病人與家人長期疏遠，經濟弱勢，又沒有家人照顧，她年輕力壯願意免費照護，只要對方收養她的小孩。劉茜經濟情況不好，先生生病了，連帶的先生多疾的親戚也常需要她照顧。她一個人打兩份工照顧三個臺灣人，在只能弱弱相扶的生活世界裡，多看照一個人，她認為沒問題，只要小孩能在身邊。提到小孩，劉茜說，每次返陸看小孩，最痛苦的是不知如何跟小孩說再見，小孩不放媽媽走，無法理解為何要丟下他回臺灣。劉茜趁小孩上學時，偷偷登機走了，後來只要媽媽在，小孩就不肯到學校。她也曾跟小孩說媽媽出門買菜了，然後跑到機場去。後來我曾見著了彭小弟，高壯得像牛犢的小男生，已是青少年了，還總是抓著媽媽的長髮跟東跟西，不放手。

鄭小文的小女兒更幼小，被迫分離的小女兒在大陸由親戚帶，小文寫給陸委會的陳情書上寫著：

沒媽的孩子像根草，所受的委屈和不安可想而知，每一次與女兒短暫相聚又再分離的痛苦好比心頭一塊肉被割離般地滴血，當我一次又一次聽到她撕心裂肺的哭喊聲漸漸轉成絕望的啜泣聲，並哀淒無助地問：媽媽，到底我什麼時候才可以跟妳住?

小孩的要求很卑微，但大人無法給答案。小文對我說，有次她對鏡梳妝，女兒問說媽媽妳的梳子很漂亮，妳要把梳子帶回臺灣嗎?「梳子是媽媽的當然要帶回臺灣」，「我可以當梳子嗎?讓媽媽放在行李箱帶回臺灣?」

二〇〇九年的母親節，透過徐中雄委員、陳雪慧主任的安排，劉茜、鄭小文和其他幾位處境相同的姊妹開記者會，她們手上拿著康乃馨，哭著身邊沒稚兒。我陪著陸委會同仁出席，回應她們的訴求，我說：「明年，她們的母親節將不再流淚。」其實我心裡沒有十成的把握。

鄭小文一開始的作法和劉茜一樣，陳情陸委會希望修改法律，讓已有子女的丈夫能收養大陸人民。劉茜並在廖元豪教授的協助下申請釋憲。陸委會同仁收下她們的陳情書上呈，劉德勳副主委在文末寫下他對主管業務的指示：一、既非生父的小孩，又非養父小孩，他到底為何?二、有無其他方式來臺?批示的時間是二十二時十三分。我可以想像他在疲憊了一天後，燈下仍思考這問題該如何解套。劉副主委清楚修法緩不濟急，小孩轉眼就十二歲，馬上就過了可以來臺依親的門檻，他要同仁在不修法的情形下，從行政命令著手。

那時在馬英九總統支持下，賴幸媛主委正推動修法，改革陸配權益，儘管立院、社會反對的壓力頗大，她堅定的決心讓陸配們感受到改變的氣氛，二〇〇九年的二月九日劉茜走進了中央聯合辦公大樓，問櫃檯大廳賴主委是不是在這裡上班。陸委會在十五樓，由於是國安單位，另有專責警衛駐守，劉茜得其門而不可入，再三拜託警衛把信交給賴主委，直到警衛承諾。

……小孩如今變成無戶籍的孤兒，我眼睜睜看著小孩在受苦，一邊要我承受骨肉分離的痛苦，一邊又要我選擇得之不易的家庭。我進退兩難、無從選擇，望著高高在上的法律門檻，我舉目無親、求助無門，只有來求助於您這位父母官，懇求您特赦我的孩子入臺接受最基本的生活保障，賴主委，求您幫幫我，如果小孩在大陸有什麼三長兩短，我也活不成，我們一家人無以為報，來世只有做牛做馬報答您的大恩大德。

劉茜　二月九日

看了劉西一字字手寫的信，賴主委驚歎：她的文字真流暢；真是生命力強韌的女人。賴主委回信不久，三月六日中午兩百多名大陸配偶到立法院與陸委會陳情，同仁將他們接待到中央聯合辦公大樓的大廳，之前從沒有政府首長會打開大門邀請全部陳情民眾進到裡面來，大家就地吃陸委會準備的便當，賴主委拿起大聲公，看起來不像受理陳情的官員，像是帶領群眾的抗議者，她對陸配說，我也是人家的女兒，我們是姊妹。她和陸配們擁抱時，有幾位哭了起來。

前不久的江陳會時，有陸配跑到機場歡迎陳雲林會長，期望代表大陸的陳會長可以看看她們。沒關係，她們可以與陸委會主委賴幸媛面對面談談。

「劉茜有沒有來？」活動快結束時，賴主委和我問在場的陸配。隔天賴主委收到了劉茜的第二封信。

賴主委：

我一直渴望著能有機會見上您一面，沒想到今天三月六日那麼好的機會我竟然錯過了。我是十二點二十分離開姊妹們，趕去上班，聽說沒有多長時間，您親自出面接見我們在座的所有姊妹，還一一握手表達問候，真是感慨萬千，整晚難入眠，只好提筆給您回信。

您對我案情的關懷，讓我深深感受到民主國家的好，在大陸像我這樣的小百姓是無法享受到這種榮耀的。我的個案還是驚動到您來操勞，是我把個人的私利看得太重了，又實在是情非得已才貿然向法令挑戰。在走投無路的情況下，又在報紙上看到您向大陸配偶發布的新聞稿才認識您；想到天下慈母一條心才斗膽向您求救，想不到您會重視我的個案，讓我真正享受到民主國家人民的權利，得到重視。

我算是遇到了貴人，賴主委，寫這封信給您，我還有一份最重要的心意要告訴您，不管我的小孩能否順利來臺團聚，我讓您在百忙之中為我個人的家事操勞是我的罪過，我都將懷著這種罪過的心情感激您一生。

祝您

好人　一生平安！

劉茜　跪謝　九八．三．六晚

這信讓我心裡內疚。與幼兒共同生活是基本人權，聯合國的國際公約所明文保障，還她基本權益是政府的義務。劉茜與小文的心頭肉，有民進黨立委在質詢時，公開叫他們拖油瓶，列席內政委員會時，我親身親耳看她聽她說反對賴主委幫大陸女性的拖油瓶。劉茜、小文算幸運，她們的行動，背後都有極愛她們的先生的支持。把太太的骨肉也當成自己的寶貝的，不只他們。臺北大安區的蕭先生寫信陳情，附上他、妻子和妻子前婚生兒子的合照，照片中他有點嚴肅，眼神卻有笑意。南臺灣的陳先生則透過《聯合報》網站的部落格持續控訴既有規定的不人道，他說法令規定大陸配偶至少要來臺八年才能取得中華民國身分證、戶籍，有戶籍後五年才能接十二歲以下的前婚生子女來臺，五加八一定大於十二，這是故意絕人之路。陳先生部落格的頭像，永遠標記著「政府讓我家庭破碎不能團圓」，瀏覽聯合新聞時我常看見。五加八等於十三大於十二的規定，初次看到時，民進黨仍執政，我還在英國做移民法律服務工作，這規定我相信非刻意，但仍覺怵目驚心，自此在腦裡徘徊不去。

他寫著：賴主委，希望我們全家可以再次團聚，永遠在一起。

牽涉到劉茜等人兒女來臺事宜的行政命令多非陸委會主管，卻是陸委會法政處主管與同仁們的創意，找到了解決方法。在陸委會的小會議室裡，我聽著他們再次檢視了一部又一部的法令，再次協調、討論如何在不牴觸母法的前提下作更動，他們交頭接耳談該如何用甲命令的規定接上乙命令做出解套的空間。突然有人起身在黑板上寫下一個方案，像數學公式，裡面有加號、等號和數字，我們的問題找到了解答。

整個案子不是行政單位說了就算，趕在立院休會前送到立院，民進黨委員反對，交付黨政協商之後，好幾個禮拜的等待，讓人擔心夜長夢多。透過運作，陸委會拜託吳育昇委員利用他輪值主席時來主持協商。案子多、會議冗長，談到這案子時，只記得立委席上剩陳雪慧主任一個人面對官員席上我們十幾個同仁，她起身走向主席指出了協商結論上的問題，然後大家依她的意見，定案。

七月的一個下午，我接到鄭小文的電話：

「我和女兒在桃園機場了。」

「啊？」

「我好像在作夢，我怕這不是真的，我終於把女兒帶來了。」

劉茜也傳來好消息，她說她到大陸辦文件接孩子時，大陸的地方官員不相信，告訴她這不是真的。她告訴大陸地方官員，她見到了賴主委，臺灣就馬總統最大，賴主委第二大，賴主委幫忙的。大陸地方官員說，妳被騙子騙了。

中評社臺北七月三十日電（記者李仲維）（摘錄）陸委會的貴賓接待室裡，十二歲的彭小弟弟一見到陸委會主委賴幸媛，就噗地一聲跪在地上，感謝賴幸媛大力協助他突破法令的限制，來到臺灣與母親團聚。另一個大陸新娘鄭小文也多年來一直忍受骨肉分離之苦，乖巧可愛的女兒十歲的小欣兒一直到兩個禮拜以前，才來到臺灣和她團聚。他們三十日特別來到陸委會向賴幸媛表達感激之意。

淚流滿面的劉茜，接著也跪地感謝她們母子口中的大恩人賴幸媛。劉茜還說，她今後要去學習使用電腦，讓大陸姊妹都知道賴幸媛為她們做了很多事。

鄭小文不大善於言詞，她在寫給賴幸媛的感謝信上說：您是成全許多骨肉團圓的菩薩。劉茜則是送給賴幸媛一個來自家鄉手工縫製的鞋墊，上頭繡著：賴幸媛一生平安。

八月二日就是彭小弟弟的生日，賴幸媛和陸委會官員一起為彭小弟弟唱生日快樂歌，她也期許彭小弟弟和小欣兒要勇敢往前走，往前看，在臺灣好好學習繁體字，體會正體字之美，日後把媽媽的辛酸史記錄下來，「因為過去的點點滴滴，對往後的生命都很有意義」。

《吉米的畫冊》當中有一句話，「有陰影的地方、必定有光」，賴幸媛領著彭小弟弟和小欣兒一起唸，兩位小朋友都有感而發地說：媽媽不在身邊，就是陰影，賴幸媛則說，媽媽不放棄你們，就表示一定有光、有希望，人生旅途上不要放棄……

大陸環球網轉載了仲維兄的報導，當晚就有兩萬筆網友留言。很多網友罵說：沒骨氣，跑去跪人家的官員；也有留言說：在大陸想向官員跪，都還找不到。

劉茜送給賴主委一雙布鞋底，上面手繡「賴幸媛一生平安」。她問我送鞋底會不會不尊敬，但是這是她們貴州鄉下的習俗，衷心祝福恩人一輩子。

二〇一六年年初，彭小弟來臺六年了，賴主委離開陸委會轉任駐世界貿易組織大使也已三年多了。透過LINE我問起賴主委這雙鞋底，她拍下鞋底回傳照片給我。她把鞋底帶到了日內瓦，就放在大使辦公室裡。

16

國安會震怒

賴幸媛華府演講最近引發兩岸一場小型風暴，就澈底暴露了兩岸關係的脆弱面。

中國官方雖然至今未出面批賴，但涉臺事務的外圍班子卻連番撰文抨擊，形容賴幸媛的言論「出格走板」，「像重磅炸彈」，「在不對的時刻、不適的場合提出不當的言論」，不但令大陸「吃驚錯愕，極為詫異」，也讓大陸「火冒三丈，十分不爽」，更是「給強調兩岸和平發展的胡溫打了一個巴掌」。

在涉臺班子眼裡，兩岸關係當然也是一種博弈，但如果他們不能體認，兩岸博弈是「非零和的博弈」，而動輒以零和博弈去處理兩岸差異或爭議，連賴幸媛那種常識性的言論也要大張旗鼓撻而伐之，其結果一定會讓目前大躍進的關係停滯，甚至出現大倒退的後果。

王健壯，二〇一〇年九月十六日

〈賴幸媛不能變成兩岸博弈的棋子〉，《中國時報》

賴幸媛主委在兩岸一甲子晚宴的講話，以及推動陸配權益改革，有助於我赴陸與大陸智庫、官方互動，但每次赴陸都不輕鬆，這與我前往大陸的時機有關，我的大陸行通常安排在賴主委訪美國、歐盟的行程之後，恰好給了大陸的智庫與官員當面質問的機會，他們問我，到底賴主委在美、歐的發言藏何居心。

每逢暑假期間立法院休會，賴幸媛有密集的功課：國際遊說。這時間接見的國際訪賓特別多，陸委會同仁也安排她赴美、歐，公開演講並拜訪當地智庫與官員，曾經一個暑假便去了四個國家。

大陸媒體批評賴主委的歐美行是找外國取暖，實情較像去打仗。在飛機上，我盡量休息，因為一下飛機就得繃緊神經應對，賴主委與同仁通常機上睡得少，她上了飛機才得空把檔案資料細細閱讀，同仁則忙著最後的準備。回程的機上，鬆懈下來的我可以大睡，同仁則利用這段時間把幾天來的成果寫成出國報告。陪同出國的人少，每個人開啟多工模式，賴主委偶爾會被僑宴綁住，熱情僑胞數十人或數百人，宴席上她乖乖坐著當主客，這時我會溜下桌，要求同仁到角落，找空桌子，電腦擺上去，趁機工作，我會打包個炒麵，回旅館後大家再吃晚餐。陸委會同仁曾在布魯斯金研究所，拿椅子當桌子，席地打字紀錄下演講後的問與答，火速提供給媒體；也在倫敦中國餐館的茶几上改新聞稿；賴主委歐盟演講後，我們在旅館的商務中心工作，晚餐就把配咖啡的小餅乾拿來吃，還好有可樂免費喝到飽。晚上十點多，僑宴歸來的主委帶來了她打包的水餃，我們很高興可以吃到熱食。幸好同仁抗壓性都很強，即便是資歷較淺的年輕同仁，例如主委出國都跟隨的聯絡處同仁蔡馥宇，我屢次要她立下軍令狀，新聞工作的每個環節絕不能出差錯，她從沒搞砸過。

大陸方面對賴幸媛在國際場合的發言字句檢視，存著一堆困惑或不滿。國際行程結束後，我才有空抽出個三、四天，赴陸拜會官方與智庫，時機上剛好，陸方可以當著我面一股腦地批評賴主委的講話；賴主委出國演講的內容，我親身見證，正可告知陸方現場的實況。我的大陸行政治性較強，不同於海基、海協架構下的經濟協商，不是談兩岸將簽署的協議，而是溝通觀念，當面把些話說清楚，以減少陸委會與對岸的誤解，避免誤判。每次訪陸，行程緊湊，拜會的單位好幾個，為抓緊時間，吃飯時也談正事，食不知味，只記得對方總誠意十足，不管哪個單位擺的宴，席前定有條大海蔘，紅酒都不錯，因為我唇乾舌燥時拿酒潤喉，功效可比川貝琵琶膏。每場會面費盡唇舌，這與我後來任職地方政府時參與的兩岸官方交流氣氛迥然不同，在新北市工作時，兩岸共席的餐宴少談正事，多喝酒，氣氛熱鬧。

我在陸委會時的訪陸行程，就是當肉砧，承受對方的質疑，為陸委會立場辯護。但也有溫暖、人情味的時刻，有次劉德勳副主委要我向國臺辦轉達，他們鄭立中副主任在臺灣的作為不妥，陸委會希望他收斂。我啟程前，媒體報導他喪父，劉副主委要我到大陸時就先別提此事，待他守孝完，另擇時機談。

我以肉身當肉砧，面臨不少議題。其中一道是反分裂法。二〇一〇年賴主委在華盛頓美國企業研究院演講姿態強硬，她提到：

中國大陸必須放棄用武力解決兩岸問題的思維。大陸當局在思維上仍不願意改變不放棄武力對臺的政策與法律……是兩岸關係發展中必須袪除的障礙，中國大陸必須改變思維，調整政策。

大陸方面向我表達，他們認為賴主委的演講擴大了分歧，不利兩岸關係，大陸很不以為然。大陸很細心地看到，賴主委演講中刻意避開了反分裂法，講稿中沒有反分裂法這四個字，但陸方仍強烈反彈。陸委會發言人在臺北回應記者時則提到反分裂法，大陸內部更是跳腳。

兩岸雙方常講求同存異，但如何「存異」，遮掩或凸顯，兩岸態度不同。陸委會較常凸顯差異，公開批評大陸對臺的政策與作為，希望大陸往臺灣的民意靠攏點，也因為我們必須爭取臺灣民眾的支持，讓臺灣社會知道陸委會盡力守護臺灣。對岸對賴主委的反彈涉及國臺辦與陸委會基本認知的差異，再怎麼辯，雙方也無法說服彼此。

陸委會提到反分裂法，大陸不高興，我的回應，只就其中一個細節說明：

劉德勳副主委提到大陸現行的反分裂法影響兩岸關係進一步發展，我在美國看到臺灣媒體的報導，大概就猜得出怎麼一回事。

我們早就預期，賴主委在美國演講後，臺灣媒體記者一定追問劉副主委，賴主委的講話是不是針對反分裂法。陸委會同仁們都商量好了，陸委會的標準說法是「主委的意思就是講稿上說的，陸委會沒有進一步說明」。一定是媒體記者直接挑明了跟發言人說，好，那就先不提賴主委的演講，請問陸委會對反分裂法的立場。媒體既然如此問，發言人當然不能迴避，心知肚明媒體會把華盛頓與臺北兩個場合的講話合在一起做文章，但這個圈套我們得跳下去，陸委會必須嚴正說明政府的既定立場。

回應大陸方面的質疑時，我沒有與他們辯論反分裂法，但提醒他們賴主委演講，讓民進黨挑不到毛病批評。我說：

美國一席話，民進黨重量級立委的辦公室主任對我說，賴幸媛幫馬加分，讓人覺得陸委會有守住立場，民進黨反而不知如何回應，媒體上只有郭正亮與蕭美琴講了兩句不關痛癢的話。賴幸媛很清楚臺灣民眾對大陸存在疑慮，民進黨擔心賴幸媛會穿透原來支持他們的某些群眾。

賴幸媛二〇一〇年在華盛頓演講的主調是借力使力，向美國社會說明，當有些國家面對中國大陸經濟崛起的事實還不知如何因應時，臺灣，與大陸相比經濟量體如此懸殊，竟然敢與大陸簽訂《兩岸經濟合作架構協議》，這不是與虎謀皮，而是如同太極拳法的概念——「借力使力」，有智慧地面對中國大陸，利用其在世界分工體系中的影響力，作為臺灣與世界市場銜接的助力。這是臺灣的算盤。

這不是檯面上的官話。回顧人類歷史，資本主義國家曾為了擴張，用船堅砲利突破貿易障礙；各國也曾因為關稅壁壘，相互抵制，兵戎相見。因為有這些慘痛的教訓，所以各國在第二次世界大戰後，以協商代替對抗，發起了關稅暨貿易總協定（GATT），轉化為世界貿易組織，後來又在區域經濟整合新趨勢下，自由貿易協定（FTA）興起，這些都是人類避免戰爭的努力。臺灣推動制度化協商，與大陸簽定ECFA等協議，不是冒險，是控管風險，以協商代替對抗。

賴幸媛在講稿裡提到，美國面對中國大陸的崛起，可以借鏡臺灣與大陸交手的經驗，並且提到了亞太形勢下臺灣與美國的合作關係。大陸官員對這說法感冒，認為兩岸是一家人，陸委會主委怎麼可以叫美國透過臺灣來影響大陸，說得好像美國與臺灣是一家人，而大陸是外人。陸方說：

（賴主委）呼籲美國要重視臺灣，我們同屬一個中華民族，這不是一般的言論，這是在錯誤的地點、時機所講的話。但我們從大局出發，非常克制，不做過度反應，儘管內部反應很大，我們只是透過學者發表文章，要以前，是會點名的。

提到美國的部分，賴幸媛講述的是中華民國的既定外交立場，我告訴大陸官員，美國在兩岸關係裡面有既定的角色，這是早已存在的事實：

阿扁總統時代，中國大陸好一陣子沒有說「寄希望於臺灣人民」，中國大陸透過白宮壓制陳水扁，中國大陸發現透過美國控制扁是最有效的途徑。這種路線上的改變，長遠來講不利於兩岸關係，因為兩岸要走得長久，基礎賴於人民的支持，不爭取臺灣人民，透過美國對付臺灣，是走捷徑。現在的馬政府繼承的就是這樣的、固定的美中臺格局。

賴幸媛當立委時的言行，是我為她辯護時最好的素材：

全臺灣的政治人物裡，有誰像賴幸媛一樣，對美國態度如此強硬？美國稻米和美國牛肉議題，賴幸媛站在臺灣人民立場堅決反對。楊渡祕書長任職中時晚報總主筆時，刊了篇社論，提到美國牛肉輸出最大挫折，竟然發生在臺灣。美國文官素來輕視臺灣政界，臺灣沒有統一的對美的經貿戰略，而且臺灣官員很會為不戰而降找藉口，但是美國牛肉在臺灣受阻，美方訝異。這是臺灣向美國雞投降之後，美國在臺灣的第一次戰敗，痛擊美國的立委賴幸媛被稱為臺灣的山本五十六。因為美國牛肉，美國農業次長Lambert祕密訪臺。美國高官訪問對臺灣官場是少見的「殊榮」，民進黨政府卻異常低調不公開，Lambert來臺指名與賴幸媛會談。

關於賴主委的演講，陸委會在乎的是要向陸方傳達哪些訊息。大聲說出臺灣民意，要大陸正視臺灣民間觀感，也是賴幸媛的性格。我們不因陸方的底線而自我設限，畏首畏尾。

賴幸媛與陸委會同仁在乎臺灣民間對大陸政策的觀感，二〇一〇年時的國安會，祕書長是胡為真，坦率正直，或許成長經驗與草根社會脫節，或許有其全盤性戰略的考量，所以更在乎大陸方面的聲音。

國安會祕書長是極具戰略高度的位置，參與臺美高層的溝通管道，出席美方定位為「特殊管道」的會議。胡祕書長的前任，便與美國副國務卿史坦伯格（James B. Steinberg）至少會面兩次。二〇〇九年大陸國家主席胡錦濤與美國總統歐巴馬發表中美聯合聲明前，美方把聲明中涉及臺灣的部分事先讓臺灣方面看，國安會得以充分瞭解世界兩大強權的互動與進展。國安會也清楚臺美互動，美方多少會讓大陸知情。例如負責東亞事務的美國助理國務卿坎伯（Kurt M. Campbell）曾邀集臺灣國安、外交高層開會，美方稱之為特殊管道會議前的準備談話，美國駐臺人員希望臺灣方面不要介意坎伯的層級，因為他是美國國務院中最支持臺灣的。談話會中坎伯提到美方支持海峽兩岸建立軍事互信機制，大陸方面知情這次會議，連參與者的名字都點得出來，大陸方面讓美方知道大陸知道了，但大陸沒有提出抱怨，我方國安會當然也知道大陸知道這個會議。

二〇一〇年賴幸媛華盛頓演講後，大陸方面對她的批評，透過管道傳到國安會，國安會像高端音響的擴大機，把對岸的聲量擴大，在政府內部放送。大陸傳來的任一句話，國安會應該是解碼器與過濾器，首先解讀大陸的企圖與用心，然後決定如何處置、應對這些訊息，而不是一味放送。賴幸媛的言論，如同輿論名筆王健壯所說的，是臺灣社會的共識與常識，但賴演講完，我們在美國就收到陸委會同仁轉達的國安會關切，原因是大陸不爽。

大陸方面說，ECFA的喜氣還沒過，賴幸媛就潑冷水，賴幸媛破壞兩岸喜洋洋的氣氛。國民黨方面也收到大陸傳達的意見，國民黨大老說，「外界」疑慮，我方是否改變政策，陸委會應該要扮白臉，不要扮黑臉，黑臉由外國來扮。

國安會、國民黨因為大陸的不爽而不爽，記者報導時問陸委會的看法，我不具名但以陸委會官員的名義回應，為求言語精確，不用口說，寫成書面給記者：

陸委會官員表示，賴主委闡述臺灣人民的心聲，講出政府基本立場，大陸對臺的武力部署，本來就會阻礙兩岸關係的往前推展，會讓制度化協商蒙上一層骯汙的陰影。賴主委在美國的講話，已在臺灣說過多次，馬總統在接受國外媒體訪問時也曾提及，賴主委只是重述政府立場。

口頭上，我對記者說，道理很簡單，大陸的不滿成為國安會的不滿，這到底是中華民國的國安會，還是中華人民共和國的國安會？如果國安會的功能只是個使命必達、據實傳述的傳令兵，應用個士官長當家。

賴幸媛在華盛頓的演講，大陸不滿，國安會與陸委會齟齬。華盛頓後的下一站行程，應是赴洛杉磯向僑胞演講，但飛機故障，航班取消，我們只好搭火車到紐約，直接飛回臺灣。洛杉磯僑胞的聚會，賴主委缺席，被謠傳成高層對賴的言行震怒，下令封口，要求直接回臺。

實情是，在華盛頓機場啟程往洛杉磯，一行人順利上機，飛機上我打了盹，醒來發現飛機還沒起飛，原來是機械故障，正在排除。再過了段時間，所有旅客被要求下機，回候機室等通知。一下飛機，賴幸媛看到原來在機場陪同她的聯邦武官竟然還在。中華民國部長級官員訪美都享有通關禮遇，武官陪同且不需安檢，這位武官告訴賴主委，他的工作是要看到飛機起飛，他才能離開。中華民國駐美代表處的外交同仁也都還在，陪我們繼續等候。航空公司幾次廣播，報告維修情形，說缺零件，正等某航班從某地把零件運來。旅客持續等候，距原定起飛時間已五個小時了，廣播突然說，因為零件無法送到，航班取消。頓時候機室大亂，航空公司櫃檯愛莫能助，當天的其他航班早已客滿，旅客各憑本事找出路。

外交部同仁忙著設法，跑到貴賓室要求協助，那裡也大排長龍，在洛杉磯的僑胞，不乏旅行業者，幫忙想辦法搶機位，念頭甚至動到從華盛頓飛到舊金山的班機，但時間上都不及趕上預訂的演講時刻。賴幸媛無法到洛杉磯了，當地僑胞頗能諒解，前一天華府大雷雨，航班都取消，這天飛洛杉磯候補名單一長串，加上我們的班次也出狀況，各航空公司都負荷不了。

洛杉磯無法去，演講取消，賴幸媛還得如期趕回臺灣。外交部駐華盛頓代表處同仁聯繫華航，問到紐約直飛臺北班機上還有機位，我們原本的華航機票是從洛杉磯飛臺北，直接換成從紐約到臺北，不加價。但還有個問題得克服，我們還得從華盛頓趕到紐約，怕到紐約的火車票難買。外交部的同仁神通廣大，直接打電話到車站的售票窗口，口頭就訂了票，而且還依照我們的要求訂到了經濟車廂的座位。原來基於業務需要，臺灣駐華府官員平日就刻意與機場、車站的各方人馬建立交情，中華民國外交官員們出手大方、誠懇有禮，在這些關卡禮賓、接待時才能暢行無阻。外交同仁們說他們並非無所不能，談起陳總統夫人吳淑珍女士在華盛頓達拉斯機場被安檢搜身的事件，雖然事情肇因於美方的禮遇名單不包括總統夫人，事後美方也致電解釋，但當時的駐美代表程建仁承擔了許多指責。

在華盛頓車站，外交部同仁和站方人員陪同走過貴賓室時，賴主委瞥見角落茶几上擺有飲料、餅乾，暗示同仁帶些走，我輕聲要同仁盡量多拿。趕行程加上耗在候機室，我們一整天沒吃什麼東西，餅乾可以裹腹。身上大包小包的同仁找不到地方裝餅乾，我又無法幫忙拿，因為手得空出來和送行的人握手道別，同仁只好雙手捧著一大堆。這畫面實在不太好看，陸委會一行人，好像貪小便宜，連貴賓室的餅乾都要帶走，而且公然地捧一堆。同仁的表情很尷尬，想藏又無處可藏，只好裝作沒看到他人的好奇目光。

上了火車，我從褲子口袋裡拿出了兩罐可樂，雖然我不方便拿餅乾，還是趁沒人注意時藏了可樂。餅乾可以不吃，可樂不喝會死。儘管有這段經歷，後來還是有人，包括一些大陸學者，堅持說賴幸媛是被下封口令，所以改航班直接回臺。我調侃賴主委，大陸委員會主委竟然管到天上去，連美國的航班都因她停飛。

17

國臺辦嗆陸委會

充分發揮海峽西岸經濟區在推進兩岸交流合作中的先行先試作用，努力構築兩岸交流合作的前沿平臺，建設兩岸經貿合作的緊密區域、兩岸文化交流的重要基地和兩岸直接往來的綜合樞紐。發揮福建對臺交流的獨特優勢，提升臺商投資區功能，促進產業深度對接，加快平潭綜合實驗區開放開發，推進廈門兩岸區域性金融服務中心建設。支援其他臺商投資相對集中地區經濟發展。

二〇一一年三月十七日

第三節　支持海峽西岸經濟區建設

第五十八章　推進兩岸關係和平發展和祖國統一大業

相較於跟隨賴幸媛主委訪歐美，我的幾次大陸行，作息與飲食正常多了，當面聽著陸方對某些事件的說明或澄清，確實有助彼此的瞭解。如同大陸官員說的：「臺辦與陸委會應該增強良性互動，畢竟都是一把手。」

大陸官員曾具體談到陸方對政治談判的看法。他們說，注意到幾次賴主委強調政治談判的條件還不成熟，大陸也認為時機未到，但是政治問題不能迴避，不可能永遠不談，不談就代表沒意願解決。關於媒體報導大陸急著推動政治談判，陸方說這些訊息偏差不準確，他們不著急，先經後政的政策沒有改變，但大陸希望陸委會不要過於強調兩岸分歧的部分，給外界兩岸對立的印象。因為大陸跟以前不一樣了，大陸也注意民意，網路上很多大陸網民對臺灣方面的發言很反彈，大陸官方壓力很大。

大陸官員也強調，很多老幹部都關心兩岸關係，他們晚上八點都會看央視第四套《海峽兩岸》節目，會注意到陸委會的發言。言下之意，老幹部們對陸委會發言的不滿，也會構成臺辦的壓力。

陸方很注重涉及他們領導個人的報導。二〇一二年國務院總理溫家寶在任內最後一次全國人大記者會表示，願意退休後到臺灣自由行，陸委會發言人劉德勳副主委回覆記者詢問時表示：「只要符合政府交流相關規範，陸委會歡迎所有大陸人民來臺觀光，但具特定身分大陸人士，政府仍將審酌兩岸整體情勢及氛圍整體考量。」劉副主委談的是政府既定政策與規定，陸方卻批評他的發言沒有表達歡迎之意，忽略了劉副主委的發言著重在溫家寶的特殊性，如果把他當成一般大陸旅客，那才是不尊敬。當大陸官員為溫家寶抱屈時，我忘了提醒對方，二〇〇九年溫家寶總理首次談訪臺意願，表示雖然六十七歲了，如果有可能，走不動就是爬也願意到臺灣，總統府發言人的回應基調是，溫想來臺的問題需要審慎因應。總統府的語言比陸委會冰冷多了。

我私下向中共智庫抱怨大陸官員講究形式主義，太在乎任何寫著他們領導名字的報導。後來想想，我自己也常犯這錯誤，《自由時報》的批評報導，上面寫的是「賴幸媛」，我眼睛就瞪大；寫的是「陸委會」，心裡就沒那麼計較。

採訪兩岸新聞二十年的媒體前輩王銘義，也曾是兩岸私下口角的話題。二〇一〇年大陸八一建軍節前，大陸國防部發言人表示：「堅持一個中國，在一個中國前提下，兩岸都是一家人。撤導彈和軍事部署都可以在軍事互信基礎下討論。」臺灣媒體解讀為「一中前提下可撤飛彈」，對此我方總統府發言人表示：「中國大陸只強調在一個中國的原則下談撤飛彈，無法獲得臺灣人民的認同，但若大陸願意在九二共識的基礎上，主動地撤除飛彈，這將是促進兩岸關係的重要一步。」

大陸相關單位私下對總統府頗有意見，我在大陸聽著他們的抱怨：

「這件事是王銘義追著問，發言人才講出來，本來沒有發言。這個說法也不是隨便講講，第一次最保守的國防部會講出撤軍，這是很大善意，我們聽了都很高興，但你們都負面解讀，吳敦義說不接受，陸委會也講。我們軍方私下講，說臺灣這樣反應，以後我們不要調整了。」

陸方連帶地又批評了一次賴主委：「美國的演講，說大陸要調整對臺動武的思維，我們早就沒有動武的思維了，現在哪裡有？為何這時要說出來放棄動武思維？反分裂法是針對臺獨，不是針對臺灣人民。」

大陸國防部會提到撤飛彈，或許與美國有關，事涉一段機密。當年五月中美雙方合作鋪陳美國國務卿希拉蕊（Hillary Clinton）訪問中國大陸的行程時，大陸方面提議成立中美聯合小組，處理對臺軍售議題，如果美方同意，大陸方面願意調整對臺的武力部署。大陸國防部脫口而出撤飛彈，應是在這背景下，表達此事有可能的意向。但後來美方加了很多條件，大陸方面就不繼續談了。

大陸很多部門，包括軍方，最在乎的還是美國，臺灣未必是大陸的優先考量因素，這一點，對於坐井觀天，自以為臺灣是世界中心的很多臺灣人，可能要失望了，大陸官方不是無時無刻都在想著如何對付臺灣，臺灣還沒那麼重要。

大陸對臺工作單位對陸委會發言人的言論很在意，每次我訪陸，國臺辦哲哲念，智庫學者們也念。兩岸簽署ECFA後，大陸國臺辦王毅主任發言呼籲，希望兩岸經濟合作委員會盡快落實，媒體問陸委會關於經合會的規定，劉德勳副主委解釋了我方的程序，該如何一步步來。這一講，就被陸方認為陸委會不積極、讓王毅的說法成為一頭熱。

陸委會負責督導兩岸文化、教育交流的趙建民副主委，對於兩岸是否簽署文化架構協議的說法，也被陸方嫌說他太保守了。趙副主委在學界素有威望，嫻熟兩岸關係，他講的話就是政府立場，這不是保守與否的問題，而是我方政府認為這題目根本不好。趙副主委私下提過，陸方對這協議的內容根本不清不楚，他的銳利觀察，政府內部許多人認同。後來每次赴陸，我都會解釋一下陸委會對這個議題的看法：一、大而無當。二、自找麻煩。三、應該透過其他機制來處理文化議題。

摘錄我的發言紀錄如下：

陸方期待的文化架構協議到底長什麼樣子？大陸倡議缺乏具體內容的文化協議，是不負責任的作法。大陸對文化協議，拋出一個沒有具體內容的題目，我們連續問了兩年而你們都沒有一個明確的答案。您們的智庫學者也承認大陸在文化協議方面是空的，目前尚無內容，還不足以提到跨部門的會議裡討論。

按照大陸的說法，就是推一個文化框架協議，這像是一個很大的汽球，但裡面是空的，這有兩個壞處，第一個是一戳就破；第二是搞那麼大，反而引來萬箭齊射，遭致許多無謂的批評，負面遠大於正面。文化涉及意識形態與認同，是高度政治性的東西，這議題會受到高度注目，臺灣社會各方都會有意見。

我們不排斥就文化類的議題交換意見，但是否需要框架型的協議，還值得商榷。我方已多次表達過，應該在推動ECFA的艱困經驗上，來思考框架型協議會面臨到的各項問題。

有一些與文化或文創有關的議題，可以透過ECFA的市場准入來談，也可以透過智財權協議來談。除此之外，是否有一些具體的文化議題，牽涉到公權力而需要雙方洽簽協議，我們也一直沒聽過大陸方面的看法。如果大陸有具體想法，我們願意聽聽，可以先讓民間的文化團體就這方面交流。

議題的核心在於，文化交流未必需要協議，臺灣都處都是美國文化，臺美之間也沒有文化協議，兩岸為文化簽協議反而會招致反對。我用大氣球來比喻協議，援引國家文化總會祕書長楊渡的看法，他曾提醒陸委會文化協議的爭議性。與大陸方面談時，我在結語時，總謹慎地表達先讓兩岸民間團體談看看，希望陸方不要覺得他們每次提議什麼，陸委會都冷眼以對。

臺灣政府內部，曾經也有些單位，包括海基會高層，對兩岸簽署文化協議熱衷，這股聲音在「二〇一〇年兩岸文化論壇」時聲量很大。在臺北登場的文化論壇，大陸文化部長蔡武以中華文化聯誼會名譽會長的名義出席，兩岸文化主管機關首長史上首次在臺灣同臺。文建會談到論壇的安排時，提到兩岸官方代表都會掛雙銜，例如蔡武是大陸文化部，也是中華文化聯誼會名譽會長，會議名牌與書面資料，皆呈現兩種身分，雙方官員相互稱呼時，不稱對方官銜。文建會認為如此安排，兩岸對等，臺灣方面並不委屈。文建會沒抓住兩岸官方交流的鋩角。在臺灣的土地上，臺灣官員就只有一種身分，就是官方身分，兩岸官方交流，必須盡量體現中華民國政府存在的事實。陸委會反對兩岸文化論壇的某些安排，也反對文化架構協議，文建會一定覺得賴幸媛很難溝通。

後來賴幸媛主委在臺北與國臺辦孫亞夫副主任祕密會面時，賴主委當面就文化協議表達了陸委會的立場。孫說，臺灣一直不贊同，國臺辦知道，陸委會認為不好，那就雙方再慢慢累積共識，等到成熟時機。此後不曾聽陸方積極主張文化架構協議，若他們公開提了，陸委會一定否定，陸方又會覺得沒面子。

文化協議不是雙方吵得最火熱的議題，我花最多唇舌解釋的是平潭。為了平潭，國臺辦與陸委會隔空交火，國臺辦發言人楊毅直接點名砲轟陸委會，如同《聯合報》年輕但資深的汪莉絹記者的評論：「是馬政府執政以來，大陸方面少有的重話。」

《聯合晚報》記者黃國樑的報導引爆了兩岸的公開衝突。二〇一二年三月十五日《聯合晚報》頭版頭，斗大的黑標寫著「胡溫力推平潭兩岸綜合實驗區，馬政府說『不』」、「陸委會政治定調：平潭為『一國兩制』的實驗區，不適用於臺灣。」短短幾個字，否定了「平潭綜合實驗區」這個大陸國家級重大計劃，而且把胡錦濤與溫家寶都扯入。

《聯合晚報》用了三個全版報導陸委會對平潭的質疑，在此之前臺灣媒體盡是平潭的正面訊息，中國大陸宣稱一年將投入三百多億的建設經費，建設「兩岸共同家園」。大陸官方「一天一個億建設平潭」的口號滿天響時，陸委會承受很大壓力，福建官方號稱開出優渥條件，將到臺灣徵才，對臺招聘最高職缺為平潭管委會副主任。賴主委在立院面對立委質疑，幾次強調現行法令禁止大陸官方到臺灣徵才，臺灣人擔任大陸黨政軍職務仍屬違法。同時福建省組織龐大交流團即將抵臺，省長蘇樹林率隊，人還沒到，就在臺灣報紙上刊了大量的平潭介紹，聲勢浩大打前鋒，財大氣粗。

「平潭綜合實驗區」是大陸建設「海峽西岸經濟區」的重點，海西區原為地方級發展計畫，二〇〇六年納入《十一五規劃》，升級為國家區域經濟發展規劃；二〇〇九年大陸公布《國務院關於支持福建省加快建設海峽兩岸經濟區的若干意見》，確立海西區先行先試政策，二〇一一年《十二五規劃》將「支持海峽西岸經濟區建設」列為《推動兩岸關係和平發展和祖國統一大業》專章下的專節，「海西區」從國家經濟戰略轉變為和平統一及對臺工作前沿。

根據陸委會同仁提供的分析報告，關於平潭的開發，原本大陸中央與地方想法存在落差：中共中央將平潭定位為兩岸合作的新模式試點區，而福建省對平潭建設的規劃重點在招商引資以發展福州（閔北）經濟，與中共中央要求的對臺工作意圖有落差。同時廈門（閩南）方面對於發集中資源展閩北不滿，加以掣肘，加上平潭官員素質不高、福建官僚意識重，因此中共於二〇一一年三月調派中石化總經理蘇樹林接任省長，力圖掃除開發平潭的障礙。這是蘇樹林企圖藉臺灣行高調宣傳平潭的背景。

必須警告一下福建團，讓他們收斂點，少把兩岸共同家園說得沸沸揚揚，否則不利兩岸關係長遠發展，是當時陸委會上下的共識。三月十五日早上《聯合晚報》國樑兄來電，就平潭問了幾個我方政府的相關規定，為求精確，我傳給他說明文字，裡面以陸委會的名義質疑平潭計畫。或許是陸委會對平潭的發言頻率愈來愈高，他因而嗅到陸委會將有大動作；或許是他本就計畫深度報導這議題；或許是陸委會想藉著國樑的筆凸顯平潭爭議，所以除了回答問題之外，主動多給了他一些說法。無論是哪一種情形，都是黃國樑作為資深記者的功力展現。

三月十五日《聯合晚報》刊出黃國樑的專題報導，當天下午有例行記者會，平潭成為記者們追問的焦點，發言人劉德勳副主委批評大陸對平潭的不實宣傳。福建官方宣稱平潭開發有「五個共同」，由兩岸共同規劃、共同開發、共同經營、共同管理、共同受益，實際上臺灣從中央到地方，沒有一個政府機關參與和背書。以共同管理、共同經營為例，臺灣人若應聘到平潭任職，大陸是雇主，臺灣人就只是受雇者，這算不上共同管理與經營。所謂「共同規劃」，臺灣中興工程公司參與了《平潭實驗區總體發展規劃》，這是大陸官方以業主的身分聘請了臺灣專業者去進行規劃，屬於勞務採購，與共同兩字沒關係。至於共同開發，大陸官方一天投入一億，這是大陸單方的行為，沒與臺灣方面談過，臺灣官方一毛錢都不會出，「共同開發」並不存在。

陸委會主管經濟議題的高長副主委則向投資人提醒，陸委會不是直接反對臺商去平潭投資，而是提供資訊，避免中小企業臺商被片面訊息誤導而忽略風險。他直言，一般臺商對平潭投資評價不好，目前僅有幾個投資個案。

陸委會也以機關名義給記者們幾句文字，以釐清立場：「陸委會表示，有關平潭綜合實驗區的經濟發展條件，大陸方面雖積極投入建設，但因其發展較珠三角、長三角、環渤海，甚至部分大陸西部地區起步較晚，依據學者及專家評估，整體投資環境仍相對落後，並潛藏政策風險。政府提醒投資人應注意各種可能的風險，客觀評估。」這段話裡「政策風險」四個字是暗語，給大陸看的。意思是，我們知道平潭是你們砸大錢硬撐起來的，萬一哪時政策風向變了，不就一切如夢幻泡影？

有項訊息陸委會則保留了，沒對記者說。大陸在二〇一〇年成立「促進平潭開放開發顧問團」，成員八十六人，多是臺灣的學者專家，其中有位政務官。陸委會發現後，趕快請這位政務官處理。他說他也不知為何被列陸方列為顧問，火速地傳真請陸方把名字從顧問團裡刪除了。

從三月十五日的《聯合晚報》，到隔天的日報，臺灣媒體大幅刊載陸委會對平潭的重磅批評，行政部門對平潭的看法也頗負面，行政院長陳冲說對岸的目的不單純。這講法並不冤枉，因為大陸的《海峽西岸經濟區發展規劃》便白紙黑字寫著，海西規劃是「在兩岸關係出現重大積極變化、海峽西岸經濟區建設進入關鍵時期作出的重大戰略決策」。經建會主委尹啟銘則附和強調臺商投資風險很高。國臺辦發言人楊毅隔空回應：「我們無意評論陸委會的每一句話，但我們感覺，在發展兩岸關係，陸委會經常扮演消極的角色。」這是賴幸媛就任主委後，國臺辦第一次公開點名罵陸委會。

國臺辦開罵，陸委會決定不動用發言人出面回應，用聯絡處處長名義發表一段文字，作為回應：「建構兩岸更扎實的基礎，邁向雙贏的兩岸關係是兩岸共同目標，政府始終循序漸進，穩健推動兩岸關係，陸委會一直都在這基礎上努力，沒有消極與否的問題，也希望兩岸共同珍惜這幾年得來不易的成果。」不慍不火，且調整發言層級，希望國臺辦降降火氣。

儘管如此，陸委會面對福建官方並沒手軟。陸委會召集地方政府開會，提醒各級機關參與兩岸交流活動時應注意事項，並表示若福建團在臺行為不符合申請來臺目的，一定處罰，甚至以後禁止入境。國臺辦再度公開表示不滿，楊毅說福建省長蘇樹林人還沒到，陸委會就放話處罰，這不是待客之道。

賴幸媛主委與劉德勳副主委重申，希望大陸將平潭定位為單純的經濟投資議題，讓議題回歸經濟面。這也是我赴陸行時，面對陸方的基調。我問大陸官方與智庫，難道臺灣政府不能提醒投資者投資平潭存在風險？在臺灣，銷售投資基金的電視廣告上都可以看到一句警語：「投資一定有風險，基金投資有賺有賠，申購前應詳閱公開說明書。」平潭廣告做這麼大，難道政府不該提醒一下民眾？何況，平潭前景的確堪慮，若臺商投入後血本無歸，將為兩岸關係更增麻煩。

就區域發展觀點，我個人不看好平潭，訪問大陸期間，也發現陸方年輕的官員、智庫學者，私下也質疑平潭計畫。這些年輕人坦率地說，當初這個計畫提出來許多人都納悶，這麼重要的計畫，為什麼會放在那個地方，根本做不起來。

大陸有官員當我的面抨擊陸委會強行把「一國兩制」套在平潭上：「我們當然知道一國兩制在臺灣沒有政治市場，怎麼會說平潭是一國兩制的實驗區？」陸方強調他們在宣傳平潭時，從沒提過一國兩制。我辯解說，第一，「陸委會政治定調：平潭為『一國兩制』的實驗區」是《聯合晚報》的標題，這不是陸委會原始的文字。政治定調這四個字不是陸委會說的。第二，平潭綜合實驗區是依據大陸《十二五規劃綱要》推動的實驗區，寫在《十二五規劃綱要》第五十八章《推進兩岸關係和平發展和祖國統一大業》裡面，而這一章的前言就白紙黑字寫著「堅持『和平統

一、一國兩制』方針」。大陸怎可以撇清說平潭與一國兩制無關？

我的說法，有點狡辯。《十二五規劃綱要》全文九十八頁，厚得可以出書了，這類大陸的國家級重要文件，只要談到臺灣，在密密麻麻的幾萬字裡免不了要喊上一次一國兩制，陸委會三月十五日給《聯合晚報》黃國樑的說法裡，把平潭和一國兩制扯上關係，並沒有錯，但話是說得有點太快。在馬政府執政期間，臺辦系統很克制地只談九二共識，盡量少說統一與一國兩制，這點陸委會有看到。

無論如何，福建官方高調宣傳平潭，把不存在的「五個共同」吹牛吹得震天響，讓人反感，這是陸方無法辯駁的事實。福建官方言行張狂，例子太多，我為陸委會辯護時隨手拈來，講得大陸智庫朋友難招架。我盡量用淺白例子解釋政治概念，例如，我當研究生時，參與了尤清縣長的臺北縣綜合發展計畫，我可以吹牛成臺北縣就是我跟尤清縣長共同規劃的嗎？除了五個共同，福建官方還宣稱要從平潭建高鐵到臺灣，都完全沒有跟臺灣討論過，但講得跟真的一樣，好像臺灣方面已經同意與支持，難道陸委會不該嚴正澄清？拜訪大陸各單位時，我還加碼指責了一下楊毅：「國臺辦發言人怎麼可以只看報紙標題就罵陸委會？」

有大陸智庫前輩稱讚我說口才好，平潭這事，本來他們認為陸委會有萬般不是，現在聽起來，陸委會還頗有道理，福建官方做事的技巧該檢討。不是我口才好，而是我赴陸前，陸委會同仁，特別是經濟處，早就研妥了幾套發言綱要，我在候機時背了兩次，上飛機後才放心閉眼睡覺。

但我印象最深刻的是，大陸官員回應我的一段話。他說，不管平潭未來如何發展，總是中國大陸在兩岸關係上的一種新嘗試，願意以國家力量，做點新的試驗，為何臺灣不給大陸一些空間來試看看？至於平潭做不做得起來，他說，只要中國共產黨想要做的事，沒有做不到的。

18

賴幸媛與王毅的祕密管道

今年初請辭國安會祕書長的蘇起，最近重新「浮出水面」。他接受本報獨家專訪透露，兩岸已建立約二十條溝通管道，除政府部門事務性聯繫機制，還有不能公開的祕密溝通管道，「即使臺海發生類似（南韓）天安艦意外，也能第一時間處理。」

有關兩岸祕密管道運作模式，蘇起不願多談，僅提到非透過國安會直接與對岸對話，「我的辦公室內沒有熱線，我不跟他們（對岸）直接聯繫，太冒險！」

李明賢、陳洛薇，二〇一〇年五月十六日
〈蘇起證實：兩岸有祕密溝通管道〉，《聯合報》

我到大陸，並非都當砧板。

二〇一〇年十月二十三日東京影展開幕，星光大道活動開始前，中國大陸代表團團長江平向主辦單位堅持，臺灣團必須以「中國臺灣」或比照奧運模式的「中華臺北」參與星光大道活動，否則中國代表團成員就不參與。臺灣方面，帶團的行政院新聞局官員堅持不改名，江平回應說：「臺灣的電影不想賣到大陸了嗎？」兩岸代表團僵持不下。

一連幾天，江平惹出的爭議是臺灣輿論的熱門話題，我恰好有大陸行。面對大陸官員，我陳述陸委會的立場：國際ＮＧＯ活動若涉及臺灣代表的名稱與旗幟，以前怎麼辦，現在就怎麼辦，這也符合大陸方面私下常說的，老問題就用老辦法，新問題用新辦法。東京影展，以前我們就是以臺灣名義參展，江平的要求沒道理。原本兩岸都能順利參與的東京影展，星光大道上兩岸明星皆缺席。

大陸方面解釋這是江平個人行為，臺辦系統不知道江平會如此出招，消息傳到北京後，即儘速瞭解原委並協調，企圖平息爭議。他們說，大陸很多人不知道兩岸關係的微妙，碰到敏感問題，寧左勿右不敢不表態，才會闖出亂子。但臺辦系統對臺灣方面的反應也有微詞，認為行政院吳敦義院長不該罵江平「蠻橫」、陸委會的發言還責怪了國臺辦。大陸官員說，兩岸政府應該合作努力弭平風波，大事化小，吳院長和陸委會的話反而擴大了爭議。大陸官員以國臺辦副主任孫亞夫在事發之初的發言為例，表示大陸在一開始便釋出善意，只希望事情趕快落幕。孫亞夫當時的說法是：「對事情的全貌確實不了解。不過希望在兩岸關係發展過程中，雙方能夠配合，好好解決這方面的問題，避免不必要的內耗。」

大陸官員也提及國臺辦發言人楊毅二十七日對兩岸東京影展風波的正式定調。楊毅說，這起事件是溝通不夠所致，是大陸不願看到的，但相信不影響兩岸電影的交流。

我告訴陸方，把事情歸咎於「溝通不夠」，臺灣輿論與人民無法接受。所以陸委會才會在楊毅講話之後，又發了新聞稿：

陸委會指出，關於東京影展事件，大陸方面十月二十七日記者會上的說明，或許有心傳達善意，但對臺灣社會民情顯然不夠瞭解，也未能體會行政院吳敦義院長何以用「蠻橫」來形容江平在東京影展的言行。這是臺灣人民真實而普遍的感受，大陸當局不可等閒視之。

我請大陸方面注意新聞稿裡面的兩個重點：一：「或許有心傳達善意，但對臺灣社會民情顯然不夠瞭解」，表示陸委會聽懂國臺辦的話，也肯定國臺辦第一時間就出手處理的用心，但國臺辦需要深刻感受臺灣社會氛圍，臺灣人民生氣有道理；二：「這是臺灣人民真實而普遍的感受，大陸當局不可等閒視之」則是提醒大陸這事情的嚴重性，不能把它當成偶發、單一事件。

至於陸委會說「未能體會行政院吳敦義院長何以用『蠻橫』來形容江平在東京影展的言行」，真正的原因我沒告訴陸方。我們在新聞稿裡表態支持吳院長，是因為他的蠻橫兩字有一錘定音的效果。我方某些政府單位，在這事情上本來講話有氣無力，陸委會藉著新聞稿提醒他們，院長講重話，陸委會支持，大家就不要軟趴趴的。何況吳院長的重話謹守尺度，他只針對個人罵。

我告訴大陸智庫，他們看到陸委會新聞稿裡會放上「真實而普遍」這類的白話字眼，就該瞭解是我親手寫上的。事態嚴重，賴主委特別要我向大陸方面傳達，輿論自有其節奏，電子新聞二十四小時不停播放，報導之餘還加油添醋，輿論不能壓制，不是吳院長少說兩句，新聞就會停止。我說，陸委會有責任瞭解民意，理解人民為何生氣，感受人民的氣憤，回應人民的關心。

和大陸方面幾輪談下來，雙方基本立場清楚浮現。我強調臺灣的輿論生態與大陸迥異，輿論不能壓制，如何回應輿論，是門特別的學問，希望大陸不要出狀況、幫倒忙。陸方則重複強調，兩岸交流風波難免，兩岸官方都不應擴大爭議，臺灣官方應該多講幾句對陸友善的話，營造良好氣氛。兩岸看法有異，但雙方都體認，兩岸交流擦槍走火，不會只有一次，幸好兩個機關已經建立起直接聯繫的機制，事情一發生時，雙方得以透過電話釐清事實，避免誤判，這個管道是對的，解決問題有成效。

陸委會與國臺辦的直通管道，陸委會沒讓各部會知道，也沒告訴海基會。因為形式上，兩岸政府間的接觸都應該透過海基會與海協會兩個白手套搭建的制度化協商平臺，陸委會與國臺辦跳過海基與海協，直接通上話，逾越了兩岸政府互不承認的現實尺度，在政治上很敏感。蘇起後來對媒體提到兩岸間有二十條管道，我推測，陸委會與國臺辦的直通管道，算是其中之一，蘇起任職國安會祕書長時應該清楚這條管道的存在，因為管道建立之初，劉德勳副主委便提醒賴幸媛主委，必須向上呈報，沒有國家高層點頭，陸委會與國臺辦的直接聯繫只是私通，參與的人有觸法嫌疑。

陸委會與國臺辦的直接聯繫管道，是賴幸媛啟動的。兩岸恢復制度化協商後，協議愈簽愈多，談判事務繁忙，幾十年互不往來的兩個政府打起交道來，卡在雙方制度不一樣，各有規定，太多急難雜症得處理。臺灣方面有事情與大陸談，每次都得透過海基會先約好陸方，我方組成談判團隊後，海基會把我方團隊名單傳給海協會，對方也比照辦理，然後雙方碰頭協商。帶著手套搔癢，不只程序煩人，而且效益低，遇到重大爭議情事，更是緩不濟急。賴幸媛一直主張，陸委會必須能直接、迅速且正式地，跟國臺辦談上話。

特別是ECFA的協商，牽涉的範圍廣，工商農牧漁的關稅調降、市場准入、人身保護都得談，臺灣方面超過十個部會被捲入，輿論意見也多。加上國臺辦與陸委會都面臨了內部政治的問題，陸委會與經濟部意見不合時，偶爾得借力使力，拿國臺辦的話來框住經濟部；國臺辦幾次與他們的商務部搶主導，也藉助陸委會的主張來應付商務部。大陸官員曾私下吐苦水說：「這次打仗很辛苦，如果是亞夫來領軍就不會這樣子。」亞夫指的是國臺辦副主任孫亞夫，有謀略且處事明快、有擔當，大陸官員認為如果是孫亞夫擔綱談判事宜，就不會大權旁落商務部。這或許是實情，但也不能怪大陸商務部搶主導權，畢竟ECFA不只是兩岸間的事，各國正與中國大陸談自由貿易協議的，也盯著在看大陸與臺灣談出個什麼結果，如果臺灣談出了個很優惠的條件，各國就會向中國大陸要求比照辦理。

同理，大陸也很注意臺灣與他國簽訂自由貿易協定的進展，新加坡前總理李光耀曾私下透露，王毅曾特別拜訪他，希望臺灣與新加坡協商的臺星經濟伙伴協定，條件不能超越ECFA。

ECFA的協商對國臺辦而言是多重棋局，陸委會的情況也類似，除了要尊重經濟部等部會所面臨的民間產業壓力，也得盡可能向立法院公開談判進度並因應在野黨的批評，賴幸媛個人並特別關注中小企業與農民的生計，期待弱勢傳統產業不會受ECFA的衝擊，而且可以受益。

二〇〇九年年底第四次江陳會在臺中舉行，這次會談兩岸簽了《標準檢測及認驗證合作協議》、《漁船船員勞務合作協議》與《農產品檢驗檢疫協議》，並沒有簽署ECFA，兩岸的公開聲明都只表示「對推動協商兩岸經濟合作架構協議（ECFA）初步交換意見，但不觸及實質內容」。這句有說等於沒說的官方辭令，意思是，大家都知道兩岸間針對ECFA已交手好陣子了，工作階層或更高層的協商也交手多次了，但協議會長成什麼樣子，雙方實在還沒有達成足夠的共識，沒有什麼內容可以對外公開，拜託媒體記者就聚焦在四次江陳會所簽的協議，不要問ECFA方面的問題了。

可見得，第四次江陳會談時，ECFA早已是讓兩岸官方焦頭爛額、耗盡精力的課題。就在陸委會歡迎海協會代表團的酒會上，賴幸媛和陸方以ECFA為題，談到她打算與國臺辦建立直接聯繫管道。酒會上陸委會準備了湯圓，因為時逢冬至，兩岸習俗都吃湯圓，算是凸顯兩岸共享的文化淵源。酒會的背景音樂則是臺灣民謠與臺語歌曲，藉以凸顯臺灣的主體性，至少陸委會同仁對《自由時報》的媒體朋友們是這樣詮釋的。其實所謂臺語，閩南語，還不是中國大陸傳來的，反正聽到臺灣主體性就高潮的人爽就好，且不深究了。

酒會一開始，江丙坤、賴幸媛、陳雲林與國臺辦副主任鄭立中行禮如儀，共同舉杯，然後各自散開，與熟識的人打招呼，聊天。人聲雜遝中，賴幸媛一直與鄭立中談話。陳雲林是出場扮仙的主角，而鄭立中則是有權的官員，賴幸媛能與國臺辦官員面對面的場合不多，難得可以與鄭立中直接談話，她把握機會，談ECFA，要求鄭立中帶話給王毅，賴幸媛希望建立陸委會與國臺辦直通的管道，否則兩岸事務難題難解、沒效率。

酒會吵雜，旁人都聽不清賴幸媛與鄭立中談了什麼，但海協會旁觀的人覺得不對勁，在兩岸政府得靠白手套打交道的架構下。陸委會主委與國臺辦副主任，應該打打招呼就各自散開了，怎麼一直談？而且表情嚴肅。特別大陸的立場，是不承認臺灣所有官方機關的，為了避免讓外界覺得國臺辦直接與陸委會打起了交道，海協會的官員拉著劉德勳副主委說，我們也一起加入他們的談話吧，讓場面看起來輕鬆點。

酒會有記者在場，但用紅龍拉了條線，媒體區設在會場的一端，距離賴幸媛和鄭立中的位置有點距離。這個應該是愉快、休閒的場合，不會有特別的新聞賣點，但是中評社記者李仲維遠遠看著賴幸媛，似乎嗅到了什麼，我看到他繞過了紅龍，走出媒體區，逐步向賴等人靠近。我裝作沒看到他，起身往吧檯走去拿個飲料，就這麼一走，擋住了他的動線，不讓他往前。

當下我暗自佩服李仲維，只差個幾步，他就會聽到當時陸委會與國臺辦間最大的政治祕密。

江陳會後，國臺辦王毅主任透過鄭立中打了電話給劉德動，同意兩個機關建立直接溝通管道，先從劉副主委與鄭副主任的電話聯繫開始，王毅希望這不只是一個傳遞訊息的管道，而且還要能解決事情。這也是賴幸媛的期待。

賴幸媛與王毅聯手開了綠燈，陸委會的處室層級與國臺辦的局級單位之間，隨著事務性協商工作的繁忙，也開啟直接的聯繫。在此之前，陸委會與國臺辦，雙方官員即使在制度化協商平臺常碰面，有彼此的聯絡方法，偶爾直接打電話給對方，但次數極少，也避談政治，不形成慣例。一直等到賴幸媛與王毅都點頭了，才正式往來。

兩岸協議談判過程中遇到的敏感問題，特別是牽涉到兩岸政治立場爭議的，除了副主委、副主任層級的電話聯繫，賴幸媛也透過陸委會同仁致電國臺辦，由國臺辦的窗口把賴幸媛的主張帶給王毅，王毅聽了，把他的回應交給國臺辦的局長，打電話告知陸委會。二〇一〇年兩岸協商《海峽兩岸醫藥衛生合作協議》，大陸反對在兩岸協議裡面有「普世」或「國際」的文字，陸委會向陸方提出替代方案，用「人類共通價值」替代「普世價值」，賴主委告要負責協商的處長直接告知大陸的對口，明確表示，「如果大陸不喜歡把人類放入協議，那就放阿貓、阿狗、阿豬好了。」就是靠兩機關的直通管道。

管道是雙向的，王毅也會主動傳意見給陸委會，藉此解決一些僵局。原本得透過海基會安排日期、訂機票、約好見面地點，才能面對面談的事情，關鍵的部分就靠一來一往的電話談定。

某天晚上十點半，我在西門町晚餐，接到國臺辦的電話。在陸委會工作，晚上七、八點常是我最忙亂的時候，這時段湧來的公文特多，記者探詢的電話也多，晚上十點，才可以放鬆好好享受晚餐。十點半的電話，我看著來電顯示，跟太太說我非接不可，走到餐廳外面聽。不出所料，電話那端轉達了王毅主任看法：

關於兩個公司最近談的這兩項合同，王老闆希望與賴老闆溝通。現在已是關鍵階段，希望共同努力。我方已經盡了最大努力。

關於第一個合同，我方已經突破國際慣例，慣例是保護投資，不保護投資人，現在已經放入投資人，還包括親屬、幹部，而且做到二十四小時通知。

這些達成的結果，雙方可以用共同發佈新聞稿的方式，等於是對雙方都有約束力的協議。

關於P to G（個人對政府）的部分，兩公司都沒有法源，雙方已經找到了五種仲裁等方式，最後一種，我公司可以通過最高法院做出解釋，這是最有權威性的方式了。這合同，我們這邊，與美國、香港還有其他地區，有的都談好了，都沒有這些內容。我們的專業部門說，別的經濟體都沒有像你們這樣要求的。

我公司老闆親自出面直接與專業部門溝通，強調兩家公司的特殊性以及需要。坦率說，已經讓到沒餘地可以讓了。

臺商方面，我們也用委婉的方式聽取了意見，他們可以接受。臺商講了時間點，如果可以在時間點內處理，是最好的結果。

你們過去關切的問題，我們很坦誠，盡了努力，這個合同是加分的，對兩邊都是好事，不簽臺商反而反彈。

簽，利大於弊，希望轉達賴老闆，請她發揮作用，最後關頭，相互靠攏，相互釋放善意。

當晚我就向賴幸媛主委報告。

邊報告，我邊想，我沒看走眼，賴幸媛與王毅都是在重要關頭敢擔起責任、親自出手、魄力行事的人。想到《投資保障協議》最辛苦也是糾纏最久的部分，突破僵局了，有點激動。

報告時我眼眶有點濕。因為肚子好餓，我飯才吃了兩口，餓得想掉眼淚。我突然想起，忘了在電話裡面跟對方約定。我一直希望國臺辦與陸委會兩個機關能建立默契，重大的宣示，或是要出難題給對方，最好在中午十二點前宣布。若晚些宣布，接招的一方確認求證、危機處理、協調其他部會、擬對策、往上報告、定調、回應記者……一路忙起來，又是夜晚了。陸委會與國臺辦應該具體正視雙方員工都需要吃飯這個客觀存在的事實，兩岸關係才能深化發展，讓亞太區域和平在紛亂的全球局勢中，成為人類世界珍貴的典範。

賴幸媛與王毅的高度，在乎達成史無前例的，把大陸的公、檢、司、法、商都納入規範的《投保協議》；我的高度，只是擔心肚子。

陸委會與國臺辦的直接管道逐漸成熟，陸委會同仁也因應這個新事務，建立通報程序。直通管道讓兩個機關形成良性互動，建立合作解決問題的基礎，在往後幾項兩岸協議的協商過程裡，有臨門一腳的作用，迅速地讓賴幸媛與王毅能達成共識、定案。

兩機關的直接管道也促成了賴幸媛與鄭立中的祕密碰面，在沒有海基會人員在場的情形下，共有兩次。即便兩個機關間對彼此的存疑仍然很深，隨著陸委會、國臺辦的互信增加，我們觀察到鄭立中與賴幸媛的互動，第二次就比第一次坦率而直接。鄭立中能幹、勤勞，且靈活、圓熟。與陸委會官員提到賴幸媛時，輕鬆的語調中會倚老賣老：「唉呀，我們這個小妹子啊，她是很用心，但這個事很複雜……」，這是他的習慣語調。就好像與賴幸媛私下當面談時，他會說：「說起這段歷史，波瀾壯闊，幸媛妳還年輕，有時夜深人靜，我一個人想我們怎樣能為歷史做些什麼……」

與賴幸媛的第二次祕密會面，鄭立中便很務實地提到他與劉德勳副主委這個電話聯繫管道應該發揮的功能：「我們之所以建立窗口，是因為認識、相互瞭解，我們的窗口可以結合各方情況，無須照本宣科，應要彼此提出一些建議或看法，供上級參考，不是你打電話給我們聽，我們照稿子唸給你聽。」他說這也是王毅的意思。

這也是賴幸媛開啟兩機關直通管道的初衷。賴幸媛曾當著鄭立中的面，對國臺辦法規局局長周寧說：「我看到周寧你很辛苦，我看到我們經濟處、法政處、企劃處的幾個負責協商的女將很辛苦，像〇〇、〇〇、〇〇、〇〇，我常常都很心疼。這管道要具體解決問題，你們要具體面對問題。」

賴幸媛不是特別偏袒女性，是幾項兩岸協議的協商主將恰好都是女性。男性文官也有頗優秀的，但我私下觀察，總體來說，陸委會女性文官是比男性文官來得專業、強悍，美麗又有智慧。

陸委會與國臺辦的管道，通到王毅。比陸委會高的層級，例如國安會，也有管道與大陸聯繫，《聯合報》專訪蘇起的報導揭露「（蘇起）僅提到非透過國安會直接與對岸對話，『我的辦公室內沒有熱線，我不跟他們（對岸）直接聯繫，太冒險！』」但如何運作？蘇起沒公開說。

賴幸媛初任職主委時，陸委會一直沒摸透，到底國安會如何與大陸聯繫？聯繫的層級有多高？但陸委會可以感受到，國臺辦有些意見跟陸委會講不通時，會從國安會下手，希望透過國安會影響總統，改變政府的決策。國臺辦不只有兩手，而是多手策略、多管道併進，臺灣的哪個機關比較強硬，哪個機關比較軟，國臺辦一清二楚，挑軟柿子施壓。胡為真祕書長接掌國安會時，陸委會才清楚國安會如何與大陸打交道。不是胡祕書長主動告知陸委會，而是在各式會議場合裡，胡祕書長有時東講一點點與大陸互動的細節，西講一點點大陸方面如何回應，這些細節個別看來都瑣碎不重要，但賴幸媛很敏感，把好幾個無關緊要的細節拼貼在一起，就摸清真相。國安會的管道是蘇起祕書長任職時建立的，交到胡為真手上後依舊運作，的確如蘇起所言，沒有國安會直通大陸的熱線，而是國安會把訊息交給其外圍智囊，某民間智庫的國師級學者，由該位頗受兩岸學界敬重的學者，把訊息告知國臺辦某局長，該局長再向王毅報告。

國安會的管道，如同陸委會的管道一樣，最高就通到王毅，但陸委會與國臺辦的管道，不只傳遞訊息，還可以在電話裡面交鋒討論，國安會的管道顯然不同。當陸委會同仁們清楚國安會管道的底細之後，有點失望，原來胡為真祕書長任內，我們的院級機關國安會，也只能通到對方的部級機關國臺辦，功能爾爾，類似傳真機。我心裡想，原來國安會「委外」執行的聯繫電話，就是打給對岸的正局級官員，與我的管道相比，層級相當，甚至還低了點。或許是國安會故意保持點縱深，不想與國臺辦有太多的直接接觸。

我的管道，勉強算是陸委會與國臺辦聯繫機制的一部分，但不是重點，因為比起其他同仁而言，我的管道聯繫不頻繁，所以我個人的重要性就不像其他同仁那麼關鍵。

但有個議題是每次與我的對口們碰面時，都會觸及的：賴幸媛與王毅互訪一案。二〇一一年某月，我在北京，深夜在旅館房裡接到國臺辦朋友的電話，基於某種原因，他不是打我的手機，而是打室內電話。我對這位老兄的專業與勤奮很佩服，但心裡想，下午不是才碰面，難道老兄你在什麼事情上又變卦了？難道你不能有一晚早點兒睡覺？回想起幾次與他或他的同仁碰面，有時約晚上九點半，有時約十點，談的都不是一個小時就可以結束的議題。我知道兩岸間的慣例，似乎愈重要的事，談得愈晚，有次賴幸媛主委與對岸官員談完，已經是隔日凌晨了，但我沒這麼重要吧。幸好這通深夜來電，只有短短幾句。對方說：「看起來，王老闆與賴老闆互相拜訪，是可以安排的，不過就是我們公司要如何稱呼你們公司，這問題還得研究，你們公司叫做什麼什麼會，這個什麼什麼會的前置詞應該是什麼？兩個公司都再想想。」

言下之意，儘管兩岸政府不互相承認，但對方稱我們陸委會，這沒問題了，可是，是什麼的陸委會？不可能是「中華民國行政院陸委會」，也不可能是「臺灣方面負責大陸事務的陸委會」，這頭銜也太長了。一旦賴與王碰面了，正式場合彼此要如何稱呼，還得琢磨。無論如何，這通電話的重點是，兩個機關首長互訪，有眉目了，賴幸媛有可能成為首位以官方身分，正式踏上大陸土地的陸委會主委。雖然離正式定案，還有些關卡。

19

夜色密會

你（馬英九）講的很多利益都是誇大不實……（ECFA）只談出口，你有沒有想過進口和十年內要全面開放臺灣市場的衝擊？

蔡英文，二〇一〇年四月二十五日
馬英九、蔡英文兩岸經濟協議電視辯論

跳過海基與海協平臺，陸委會與國臺辦官員直接、不公開的碰面，常在深夜，不是因為夜色中容易躲藏。

二〇一〇年年底賴幸媛會見鄭立中，藉著第六次江陳會在臺北舉行而安排。鄭立中作為海協會代表團的一員，從一大早到晚上，得參與公開的儀式、記者會、參訪與餐會，特別是餐會非常多。

餐會不該是兩岸交流的重點，但歷次在臺舉辦的江陳會，或是海協會來臺的參訪交流，大陸團有時一個晚上就有兩場餐會，臺灣方面總有些大老或地方首長搶著請客，若能搶到個時段做做主人，不但可以彰顯自己在兩岸關係中的份量，還可以拉攏些臺灣企業家，安排他們上座，多多親近中共高官。國民黨被批為買辦集團，並不冤枉。餐會本是美事，但三大公九大老等等，太多太頻繁，曾經大陸某部某官員低調來臺，連戰請客，吳伯雄也請，這位官員職級相當於我政府司、局、處長級，比起副總統、總統府祕書長，頗有段差距，連著兩晚國民黨的兩位前主席搶著做東。

如果是江陳會的宴席或參訪，陸委會有權力介入干涉。陸委會曾讓某些縣市長掃興，不同意他們辦宴席，或者要求鄰近縣市併在一起辦。陸委會也曾阻擋陳雲林一行浩浩蕩蕩地到花蓮參訪，硬要他們縮小規模與行程。花蓮山水，靈秀峻奇皆具，陳雲林欽差大臣出巡的氣派，忙著應付各方的請安與接駕，不會有心思細細品味；陸委會希望他們輕車簡從，這樣才能從容體會風景，保證不會好山好水好無聊。因為職責所在，賴幸媛得罪太多人了。

二〇一〇年的江陳會，鄭立中若為了拜會賴幸媛會而缺席任何一個公開場合，媒體一定會起疑，只能安排在深夜，不是陸委會屈就鄭立中。我若到大陸，與大陸官員的碰面也常在晚餐後，因為我以交流的名義赴陸，白天得拜會各單位。有次與大陸智庫晚餐後，我請對方不用送我回飯店了，會有車子來接我，智庫朋友問我前往何處，我說我不知道，反正上了車，就看駕駛要載我到哪裡。智庫朋友開玩笑說，如果我被載去宰了怎麼辦，畢竟智庫是我赴陸的邀請單位，我的行程與安全歸他們負責。

賴幸媛會見鄭立中，時間在海基與海協的餐會後，地點就在江陳會會場圓山飯店後面的圓山俱樂部。晚上十一點多，貴賓室討論正熱，我手機傳來守在門外的同仁的簡訊，圓山飯店董事長黃大洲闖席，他聽說鄭立中在俱樂部裡，也要來敘敘，正由飯店員工陪著走過來。我簡訊回傳，請同仁擋駕。黃大洲顯然不放棄，到了俱樂部門口擺明要強勢闖關，同仁又傳簡訊求救，我回應說絕對不行。黃大洲個性樸質，他以為鄭立中只是與朋友宵夜應酬，禮貌上他要來打個招呼。終究同仁沒有開門讓他進來。

那次的會面，鄭立中抵達時，哈哈大笑三聲，狀似輕鬆隨興地說：「有個題目我都準備好答案了，想說晚宴碰到記者時會被問到，賴主委能不能訪問大陸，我的答案是當然歡迎，可惜沒有人問。」

他語調輕快地一筆帶過，所以雙方沒有延續這議題深入討論。但我耳朵一豎，心裡琢磨，果然王毅很想來臺灣，他想成為首位踏上臺灣土地的國臺辦主任。

王毅的企圖，是我方的籌碼：王毅要來，可以，賴幸媛得先去。幾次與大陸官員談，我都主張，賴幸媛先到大陸王毅再到臺灣，事情才可能圓滿。我的說詞是，臺灣社會對兩岸關係立場分歧，我們應該借鏡陳雲林首次來臺晚宴被群眾包圍的經驗，讓賴幸媛先到大陸，看看臺灣輿論的反應，再著手規劃王毅來臺。如果賴幸媛訪陸一切順利，王毅來臺，就更順理成章，可以削弱打算鬧群眾的正當性。我說：「賴主委會憑藉她個人與中南部弱勢傳產的淵源，讓王主任看到真實的臺灣社會。如果王主任到臺灣，陸委會相信，一定會呈現與其他大陸官員很不一樣的面貌，不會吃吃喝喝，而是貼近臺灣草根社會。」

賴幸媛若訪陸，行程我私下盤算，中山陵這種政治地標，能不去就不去，也無須到故宮、長城，她與王毅握手碰面的地點，不是機關的貴賓室，不要大會堂、小會堂，不要一碰面就行禮如儀坐在沙發上對談。最好是在戶外，一起看看某個大陸非營利組織、社會人權倡議組織或是環保團體，例如臺灣滋根協會在農村的工作現場，賴幸媛與王毅一起坐在課堂後面，看著滋根志工們培訓種子教師及NGO幹部。

賴幸媛若訪陸，當然身分就是陸委會主委，官銜一字都不能改，一定是以官方身分突破兩岸政府互不承認的禁忌，絕對不是某些大陸學者建議的「海基會最高顧問」。王毅一定要稱呼她主委，不能和陳雲林一樣，第一次稱呼「您」，第二次稱呼「幸媛」。賴幸媛在大陸的公開講話，一定要提到中華民國。我相信王毅與賴幸媛的會面，以及他的臺灣行，一定使其政治聲望更熾熱，這是陸委會最重要的籌碼，如果沒掌握好，讓王毅先到臺灣，賴幸媛可能就去不成大陸了。

賴王互訪案，二〇一二年時曾出現大轉折。俗稱國共論壇的「兩岸經貿文化論壇」，該年將舉行第八屆，大陸方面向國民黨提議：一，關於舉辦地點，希望改變在大陸舉行的慣例，也考量在臺灣本島尚不成熟，建議在金門舉行，讓這個一向是陸方當主人的活動成為兩岸共襄盛舉；二，依慣例政協主席賈慶林、中共中央臺辦主任王毅都出席。

選擇金門，陸方解釋，金門畢竟不是臺灣本島，可以作為兩岸關係往前踏一步的試點與緩衝，測試臺灣輿情與政壇的反應。就好像開放大三通之前，先推動小三通，同樣的意思。

當國安會要陸委會表示意見時，陸委會明確表示反對。

理由一，大陸顯然想繞過我政府機關，試圖以黨對黨的方式主導及加速兩岸政治互動，主導及定調兩岸關係發展方向。這個以黨領政的模式，和我方主張官方對官方、機關對機關的互動機制相違背。陸方的策略是，繼續推動兩岸深度交流並且為協商政治議題創造條件，在推動交流的同時不去面對中華民國主權存在的議題；我方的策略則是希望在推動兩岸深度交流的同時，強化互不否認治權的事實，促使對方瞭解終究要面對中華民國政府的存在。賈、王兩人以黨職身分來臺的規劃，可以讓陸方在提高交流層級的同時，依舊忽視中華民國政府；我方則無法藉著對岸高層官員來訪，為中華民國政府加分。

第二，賈、王入境金門，就是入境臺灣。對大陸而言，金門是異於臺灣本島的離島；就我方立場，金門是中華民國的領土，大陸人士入境金門，就是入境臺灣，必須通過中華民國海關。就主權、政府治理的立場與境管法令的角度，政府無法將金門與臺灣切割思考。如果大陸高層想來臺灣，可以談，開大門、走大路，不用以離島作為踏腳石。

第三，我方應將陸方高層來訪的意願，轉換為我方的籌碼。兩岸關係在可預見的未來，終究會實現兩岸高層會面與互訪的場景。總統馬英九已經公開宣示「不管到哪裡，只有一個身分（總統）」，他如果到大陸一定是以總統的身分登陸，在這前提下，如果我方同意大陸高層以黨職身分來臺，未來將會出現只有對方高層可以來，而我方高層無法出訪大陸的片面傾斜情況。因此我方應該利用對方表達來臺意願的機會，向對方表示，政府歡迎，但藉「兩岸經貿文化論壇」以黨職身分來臺，並不是最佳的出場方式，希望對方另行規劃，讓兩岸交流層級提升的同時，能兼顧對等原則，兩岸並應就此共同積極營造有利條件。

第三點其實是提醒國安會，如果有那麼一天總統與對岸領袖見面，我方若要堅持總統的身分與頭銜，那現在就要站穩我們的官方立場。至於「兩岸並應就此共同積極營造有利條件」，這句話看起來像是應酬文書，其實有深意，表示陸委會對於對岸高層來臺或兩岸高層互訪，是積極的，不要因為陸委會婉拒了陸方來金門的提議，就以為我們消極、抵制。

國安會接受陸委會的分析。陸方登陸金門的構想，我私下反彈很強烈，對我而言這個提議是程咬金，一旦王毅到了金門，就是踏上了臺灣土地，他先來，賴幸媛可能就沒機會去大陸了，何況王毅以黨職的身分來，屆時他的對口是中國國民黨的黨職人員，不是陸委會主委。因此，陸委會給國安會的分析，儘管沒講出我反對的真正原因，但立場堅持。

我心裡琢磨，對王毅而言，這也不是好的提議。他有機會堂堂正正到臺灣來，為何要到金門？他有機會成為歷史性的角色，當主角，為何要到金門當配角？陸方的金門提議，或許是他們內部政治角力的結果，國臺辦未必樂意如此，陸委會出手擋掉了這個提議，可能也幫國臺辦解決了困擾。兩岸關係對國臺辦而言，也是多重棋局，他們要應對臺灣，也要面對他們的上級以及其他機關的壓力與需求，大陸機關與機關間當然存在著衝突與妥協，大陸內部政治，理論上可以是我方的籌碼，但我們常常無法精準掌握。

大陸機關與機關間相互角力與爭奪，臺灣亦然。ECFA談判初期，國臺辦與陸委會一度沒盯好，臺灣的經濟部與大陸的商務部，在工作階層的協商平臺上，愈談愈深入，便按照一般國際間的自由貿易協定的規格談下去了。領銜這個平臺的官員都不是部會的最高層，在臺灣是經濟部轄下國貿局所主持的專案小組，臺灣專案小組與他們的大陸對口，秉持經貿專業，立場一致，主張自由貿易，擬將ECFA談成一個高度開放的國際自由貿易協定，也就是俗稱的FTA。在兩岸經貿部門協商時，大陸並要求在ECFA裡放入「正常化」的字眼與概念，臺灣方面則覺得沒什麼不好。

臺灣的臺聯，就一直主張兩岸應該談FTA。臺聯政治立場反中，推動臺灣獨立，但其主張ECFA必須是FTA，恰好就是中國大陸商務部想要的。

有些民進黨朋友也跟臺聯一樣，左右不分。討論ECFA時，「國際化」、「正常化」喊得特別高亢。民進黨經年常喊臺灣要成為「正常化」國家，以為經貿協議的正常化，將讓臺灣往正常國家邁了一步。殊不知，就國際經貿協議談判，所謂正常化指的是全面開放，大陸希望在ECFA裡放入正常化的字眼，就是要求臺灣市場向大陸大幅開放。

至於國際化，因為臺灣在國際社會孤立已久，臺灣人一聽到國際化就覺得臺灣出頭天了，所以主張兩岸為國與國關係的臺聯和部分民進黨立委，認為ECFA應該是國際協議，他們要求ECFA必須是國與國的自由貿易協定，要符合世界貿易組織規定，否則就是傾中賣臺。

若真遵循臺聯與民進黨立委們的要求，比照國際經濟協定的正常化概念與ＷＴＯ的規範，那ECFA就會是大而全面開放的協議，兩岸經貿往來不設限地全面開展，貨物自由流通，大陸可以順著綠營立委們的主張說，臺灣已讓韓國、日本、美國的蘋果都進到臺灣市場來，那按照ＷＴＯ的基本原則，也要讓大陸的蘋果進來。大陸方面甚至在某些項目上要求ＷＴＯ＋，希望臺灣方面比ＷＴＯ的規定還更開放。問題是，臺灣市場就這麼大，臺灣生產成本較高，ECFA如果成為大而全面開放的自由貿易協定，臺灣各類貨物全部免關稅可以銷往大陸的同時，大陸工業產品與農產品也都可以零關稅地傾銷到臺灣，臺灣一下子受得了嗎？

分不清左右的某些民進黨委員們，他們大聲疾呼的主張，正是中國大陸商務部心裡想要的，這些民進黨人當然不是中共的同路人，他們只是外行，口號很激昂，卻不懂得他們的主張將會賣掉臺灣。

全球化潮流下，貿易自由化是擋不住的趨勢，但是賴幸媛領政下的陸委會，主張循序漸進，特別是弱勢傳產，不能受到猛烈衝擊。二〇一〇年四月，透過媒體專訪，賴幸媛將ECFA定義為具備ＷＴＯ精神的特殊經濟協議，她說ECFA是小而必要的協議，不是大而全面的自由貿易協定。特殊兩字，意思是ECFA不應該完全照WTO的通例來走。賴幸媛並批評民進黨，她認為民進黨主席蔡英文把ECFA當作全面的自由貿易協定，並因此認為十年內要全面開放大陸產品零關稅進口，是錯誤說法。

表面上是批民進黨，賴幸媛用「小而必要」定調ECFA，實質上牽制了經濟部下的相關單位。當時民間產業界有聲音，認為按照WTO規定，會員國彼此簽完自由貿易協定後，必須十年內完全開放市場，ECFA也應比照辦理。這類主張影響經濟部門的談判思考，賴幸媛對此並不同意。她認為WTO並未規定會員在簽完FTA後，就必須在十年內完全開放市場，從各國已簽署的近三百個自由貿易協定來看，有的國家在簽FTA後十年內，開放程度連百分之五十都沒有達到。

對於ECFA最終會長成什麼樣子，賴幸媛與總統馬英九有些地方不同調。馬英九也談「小而必要」，他公開說ECFA的早收清單，是ECFA裡「小而必要」的部分，只是先開個頭，未來會循序漸進，分次到位，依照國際談判慣例，雙方會再次磋商。依照賴幸媛的說法，ECFA循序漸進，但未來不一定得全部到位。

馬英九總統的說法，是回應石化業等產業界的訴求；賴幸媛則是回應中小企業、弱勢傳產的憂慮。兩人談法不同，或許是馬政府的兩手策略；或許是總統的高度，不能只關照兩岸，還得考慮與其他國家的經貿協議；也或許兩人對於自由貿易協定的理解，根本不同。

20

國臺辦與商務部的角力

「陸委會主委」賴幸媛下午會見大陸海協會會長陳雲林及代表團……賴幸媛特別介紹背後「臺南七股蚵農豐收」養蚵人家採收的畫面，這幅畫是蚵農靠海討生活的情景，讓她想到臺灣早期的一首臺語歌曲《青蚵仔嫂》，歌詞描寫採蚵女的樸實心聲，不計較命運卻又不屈服於命運。

鄒麗泳，二〇一〇年十二月二十一日

〈賴幸媛：和平之路必須堅定地走下去〉，中評社

羅大佑在二十幾年前曾經演繹過《青蚵嫂》，他低沈略帶顫抖的嗓音，

將這首原應是女性詮釋的青蚵嫂，更深刻地表現了那種既宿命卻掙扎的生命情境。羅大佑唱的青蚵嫂，就是賴幸媛想要讓陳雲林領略的那種細膩豐沛的情感。

幾次賴陳會，賴幸媛都婉轉描寫此岸曾經過的粗礪地生活所磨練出來的智慧，上一次在臺中見面，雖然背景是日月潭，但她陳述的卻是「樹頭站乎在，不驚樹尾作風颱」。這種方式花的是磨功，是涓滴的細流，有時是不著痕跡的。

羅大佑譜唱過《鄉愁四韻》，替余光中的鄉愁除了詩韻外，多了音樂的感情載體，臺灣可以兼容著這兩種情思，在這海島上，兩者相互交揉，彼此理解。但大陸對臺灣卻不能只有「神聖不可分割」這種情感，而是要培養足以感動人的同情與理解。

黃國樑，二〇一〇年十二月二十二日

〈青蚵嫂的心，陳雲林咁懂？〉，《聯合晚報》

當兩岸經貿部門興致高昂地，攜手加速往全面自由化的道路前進時，基層社會擔憂的聲浪大，二〇一〇年四月六日的《自由時報》頭版，以「ECFA沖垮三二一萬白領」為頭條標題，認為ECFA簽署後連建築師、會計師與律師的生計都將受到衝擊。

三百二十一萬這數字太扯濫，讓人火大。當天賴幸媛到立法院報告ECFA的第二次正式協商會議，會後記者會向媒體說明時，拿著《自由時報》，在報頁上貼著「狼來了」三個字，斥責《自由時報》說謊成性。

賴幸媛罵《自由時報》，其他媒體，就算是反國民黨的，因為媒體競爭的關係，都樂於踹上一腳。隔天不少媒體刊出賴幸媛高舉《自由時報》，「自由時報」四個字與「狼來了」並列的照片，自由疾言遽色的瞎掰氣焰，連著幾天稍微消熄。

這是《自由時報》的風格，當指名痛罵該報，論理有據時，自由會怯縮個幾天。但也只有幾天而已。

兩岸簽署《兩岸標準檢測及認驗證合作》前，陸委會邀了經濟部官員出席記者會，針對協議內容做背景說明。這是個技術門檻高、內容枯燥的協議，但《自由時報》以「一中市場」做頭條標題，好似這個協議簽了後，臺灣市場就被中國大陸併吞了。

「一中市場」見報當天，陸委會代表赴大陸進行江陳會的預備性磋商，同仁才下機，還在前往會場的車子裡，臺灣媒體眾記者已等在會場門口，要聽聽陸委會對「一中市場」的回應。我草擬了文字，透過電話與同仁討論，我可以想見她擠在座位上，膝上擺著電腦，拿著電話，邊與我講話邊打字的情況，趕著定稿，以便對媒體堅定地澄清。如果易地而處，我會吐，在疾駛的車上看電腦，我內耳前庭平衡一定出問題。

陸委會並正式地以新聞稿澄清：

> 強烈譴責《自由時報》自說自話、誣衊政府推動臺灣標準國際化的政策與用心。
>
> 陸委會表示，推動兩岸標準協議，是為了使臺灣產品的規格成為國際標準，今日《自由時報》頭版標題：「官員脫口：為一中市場」，其手法完全是自說自話、顛倒黑白。
>
> 陸委會聯絡處處長盧長水還原昨日記者會現場情況，他表示，《自由時

報》記者問到兩岸共通標準是不是一種「一中市場」的概念，經濟部林聖忠次長與標檢局陳介山局長回答時都很清楚指出，這不是一中市場，也沒有政治意涵。

「使臺灣產品的規格成為國際標準」是陸委會研讀了整個協議，從繁瑣的細節以及經濟部的技術辭藻裡，提綱挈領為這項協議作的政治定調。

事後《自由時報》針對此議題，連著三天沈寂了點，報社有傳話，希望陸委會以後批評《自由時報》，就事論事，字眼無須那麼強烈。《自由時報》方面說，他們知道常任文官的新聞稿文字不會風格激昂，聯絡處長的名字被拿來罵《自由時報》，他本人應該是無辜的。這推論沒錯，只是，憑什麼《自由時報》可以天天濫罵，我只是偶爾回嘴一下，就不行？這篇新聞稿共五百四十八字，我寫得順暢，只花十五分鐘。

不管是ECFA還是兩岸標準協議，臺灣社會的憂慮，其實是對執政的國民黨不放心，對此陸委會副主委傅棟成有精準的觀察。他認為民眾反對ECFA，是認同的問題，從草根人民的角度看來，ECFA是中共給的，臺灣經濟若因此變好，也是中共給的，對臺灣人而言這不是什麼值得驕傲與光榮的事；政府推ECFA，是兩岸形勢決定的，陸委會的責任，就是面對臺灣社會要有所交代。他也認為ECFA不應該是WTO規格的自由貿易協定，贊成賴幸媛不擴大開放大陸農產品來臺的堅持。傅副主委長任文官，但他政策思考的銳利與精彩，普遍的文官都比不上，幾次開會時，同仁抓不到他活潑、急切語言中的意思，我試著翻譯，用我的語言試著講一次，讓同仁聽懂。我會問他，我這樣講對不對，他的點頭認可，讓我很高興。

我大學時就開始在報紙副刊寫作，對於自己的文字，一向自豪，很少誇讚他人，但我佩服傅棟成。劉德勳副主委的文字精準到位，破題時一針見血，我也從沒聽他稱讚過別人的文字，除了傅棟成。有篇新聞稿，我仔細斟酌、修繕，自認簡短精要，恰到好處，多一句則太囉唆，少一句則不夠清楚，把複雜的國會審議程序說得明白，傅棟成看了後，大改特改，整個發言變得更有高度。我把他塗塗改改的筆跡，貼在辦公桌旁牆上，提醒自己，文章只有更好，沒有最好。

傅副主委離開陸委會時，依職責我應準備個簡短的談話參考要點，供主委在歡送會時致詞。但心裡太難過了，寫不出來，我拿了一百張空白紙，裝訂一起，交給賴主委。我說，傅副主委的才華不是言語可以描寫的，就像無字天書一樣，只能心裡體會。歡送他時，劉德勳副主委說，心裡很感慨，他們兩人從小一起長大，一位長期任法政處長，一位是經濟處長，兩個人辦公室只隔道牆，牆那邊常傳來傅副罵同仁的聲音，從早罵到晚都不需要喝口水，聽得多了，劉副說他因此也偷學了點經濟處的專業。我琢磨，劉副的感慨應該是陸委會少了位好手。

傅副辭職定案前，賴幸媛主委花了近一個月，希望能留住他，忙得都無法顧及媒體記者們的新聞需求，那是我在陸委會工作時，與媒體關係最緊張的時刻，當時只擔心劉副會不會離開、傅副會不會離開，記者們的怨言我暫擱一旁。傅副的離開，後來聽到個說法，原因是他強勢、擅專，領域性太強。我心想，翻成白話，就是他擋住了某些人的特權利益。

全球化潮流下，區域經濟整合常會造成國內產業的變化，甚至拉大貧富差距，不是因為鄰國叫中國，野心謀臺，才造成衝擊。鄰國叫做美國也是一樣，這趨勢很難避免，但未嘗不能趨吉避凶。賴幸媛施政著重兩岸經貿交流制度化，讓想賺錢的，靠市場機制賺錢，而不是靠特權，同時減緩衝擊，讓傳統產業有時間調整、應變、升級。因為關切傳產，陸委會頻繁地發出警告，在政府最高層的兩岸小組會議，賴幸媛積極反映臺灣民間基層，特別是農民、勞工與中小企業對

ECFA的憂慮。

相對於經濟單位對貿易自由化的專業看法，陸委會更在乎社會形勢。賴幸媛的憂慮，幾次得到政府高層的正面回應。國安會祕書長蘇起和副總統蕭萬長都贊同ECFA裡面不要放入「正常化」，蘇起還提議在WTO的規定裡面另找一個名詞，來替代正常化，總統馬英九提議「定期檢討，循序開放」，取代正常化。行政院整吳敦義認為早收清單的項目愈少愈好，理由是，因為ECFA得利的產業只會在暗處暗爽，不會在大街上歡呼鼓掌，而擔心自己受到衝擊的產業，則會敲鑼打鼓高聲反對，吳敦義特別在乎農民，希望臺灣農產品不受到衝擊，甚至可以得利。總統馬英九則指示，ECFA第一次正式協商後，必須推動更公開的社會溝通，因此建立了ECFA每次協商前後，行政部門都得多次赴立法院，向院長、朝野黨團、聯席委員會以及個別委員報告的慣例。這讓我方代表團的任務更艱難，每次與陸方舉行正式協商會議時，都得就兩岸已經有共識的部分，敲定可以對外公開的內容。陸方曾有怨言，認為全世界經濟協議的協商，只有ECFA如此迎合媒體與民意機關的需求。

眼看著兩岸經貿單位把ECFA推向全面開放的自由貿易協定，陸委會曾指出這樣的談判結果與高層兩岸小組的決議差距太遠，我方的專案小組由經貿單位主政，這樣的人事佈局把ECFA搞成WTO的操作模式，會陷入臺灣以往面對美國，人家要五毛我們給一塊的困境。

ECFA協商的階段性結果，曾讓政府高層們嚇出冷汗，一下子談得太細，也談得太多了，臺灣方面沒有設定議題的能力，淪為在細節上與大陸爭奪，臺灣的大策略為何，迷失了。踩煞車的不只賴幸媛，高層會議上馬英九總統向經濟部表示：「ECFA的協商路都走錯了，幸媛是對的。」並明快地指示了具體的做法：一，我方自己先把ECFA down scale（縮小規模）；二，國安會找經濟部與陸委會盤整策略；三，經濟部先整理出一個package deal（套裝方案），在這原則下再談細節；四，牛肉麵大碗的我們吃不完，還要付大碗的錢，點小碗的就好；五，不貪多，不暴衝，否則一定開花；六，用制度化這詞來取代正常化，如果大陸不提正常化了，那我們就不提制度化；七，要國安會與對岸的高層談。

這些指示，把差點變成脫韁野馬的ECFA往回拉。從二〇〇九年ECFA成為輿論議題以來，政府一度太高調，不察覺可能帶來的政治與社會衝擊，賴幸媛一開始便公開強調ECFA不是萬靈丹也不是催命符，就是期待各部會持平對待ECFA，若政府把ECFA說成仙丹妙藥，人民期待愈大，失落就愈大。至於要國安會與對岸的高層談，談的一定不是經濟技術的細節，而是政治語言。

後來國安會得到對岸輾轉傳來的訊息：

我們知道ECFA對你們很重要，大陸有善意，也希望簽署，但你們談判隊伍的要價太高，簡直是超出常識，經濟正常化是自由化的基礎，是雙方有必要履行的基礎，你們拒絕正常化是不具誠意。我方考慮你方的處境，才會正常化加上ECFA一起談。基本原則若談不好，就免談。

我們關切後續協商時間表，一般FTA的時限是十年，談判班子竟然拒絕確定後續的時間表，證明你們只是要前面的好處，我們無法接受。

早收清單一般只是一點點，但你們竟然要百分之三十九，這簡直在談整個關稅減讓，沒有討論的空間。

大家應該大局出發，實事求是，不要做不合理的要求，如果ECFA談不好，對你們不利，請你們快派出一個懂得ECFA的權威人士儘快來談。

訊息裡話說得很重，賴幸媛與主管ECFA的業務處研判，這份文字是經濟語言，不是政治語言，有可能是對岸商務部的意思。而且對方急了，想扳回點東西，才會寫這封訊息。陸委會向高層建議，不要拘泥在專案小組的業務溝通層級，由陸委會建立起來，通到王毅的管道，直接談。陸委會的建議備忘錄寫著：

> 從情資分析中可以看出，對方指揮協商的高層，某種程度地受了〇〇〇個人意見的誤導，因此與其派人前往進行進展有限、原地踏步，甚至倒退的業務溝通，倒不如藉由管道電話溝通，將我方的立場、態度以及堅持的理由，直接且清楚地傳達到王毅。
>
> 上次經由管道與對方聯繫時，對方提議管道不應只作傳遞訊息之用，也該用來解決問題。我方這次如果藉由管道向對方表達關於ECFA文本的具體意見與理由，正可以如對方期待的進一步強化管道的功能，也同時符合我方的需要。

兩岸突破僵局，讓對岸也願意把野馬拉回正軌的關鍵，還有賴幸媛要鄭立中轉告王毅的一席話。

在第四次江陳會的某日早上六點，江丙坤董事長、賴幸媛主委與陳雲林會長、鄭立中副主任等早餐，時間雖短，但可以從容談，因為記者都還在睡覺，不可能知道這場會面。抓緊機會賴幸媛對鄭立中談臺灣傳產與中小企業，談到臺灣民間有人反對ECFA，但是陸委會不認為他們是反對黨煽動的結果，刻意站到政府的對立面，因為陸委會瞭解他們關心的是具體的生計問題。賴幸媛提到她任職臺聯立委時帶領毛巾業向民進黨政府抗爭的緣由，因為中國大陸毛巾傾銷臺灣，原本規模達兩百多家的臺灣毛巾工廠，勉強撐下來的只剩約六十家，整個產業社區曾經一度瀕臨崩解。當時蔡英文擔任行政院副院長反對協助雲林毛巾業，認為在WTO規範下，本土產業做不起來，會自然淘汰。因為抗爭，財政部才宣布對大陸毛巾全部課徵百分之二百零四反傾銷稅，毛巾業創下臺灣加入WTO四年後，首宗的向大陸貨品課徵反傾銷稅的先例，毛巾業因此起死回生。

賴幸媛分析，毛巾業都是中小企業，兩百多家以雲林虎尾為中心形成產業聚落，生產線的工人，不少人也是農民，訂單多時，攜家帶眷到工廠趕工，訂單少時，回歸田林耕作。毛巾業是奠基在鄉村社會網絡上的生產業，毛巾業的存亡，影響的不只是工業，還有鄉村社區生計，是整個鄉村的存亡。類似的傳統產業很多，產業所影響的人口，跟整個農村基層的社會網絡是重疊的，所以他們的擔憂，透過生計網絡而擴散、引發恐慌。他們的反對匯成聲浪，如果ECFA因此簽不成，對兩岸關係是嚴重倒退。賴幸媛說，陸委會關切人民，但不是站在保護主義的立場，而是考量兩岸關係長遠的發展。賴幸媛的解釋，鄭立中聽了動容，賴幸媛談的是鄉村產業的政治經濟學，身為中國共產黨員的鄭立中，應該比臺灣經貿單位更聽得懂賴幸媛中間偏左的分析語言。

賴幸媛的當面談話、陸委會的管道、國安會的管道，應該都發生作用。之後，大陸的輿論上開始出現溫家寶談「我們會充分考慮臺灣同胞，特別是臺灣農民兄弟的利益」，陸方表示不會讓ECFA衝擊臺灣的中小企業與農業，趁此勢頭，賴幸媛強勢主導ECFA的走向。

第二次ECFA正式協商在桃園大溪，雙方共同發布了新聞稿，共三大部分：第一，不開放大陸勞工進來；第二，不擴大開放大陸農產品來臺。前政府時代總共開放了九百多項大陸農產品到臺灣市場，馬政府決心不擴大開放任何一項大陸農產品進來；第三，不影響臺灣中小企業。達成此三項共識之前，大陸經貿部門給臺灣談判團隊很大壓力，本著WTO的基本原則，基於國際談判的自由化立場，他們不贊同。後來我還幾次聽到大陸官員的抱怨，他們說哪有雙邊協商在一開始就先說這項不可以，那項不行的，還硬要大陸簽字背書。

在ECFA協商的末段，賴幸媛趕快要農委會給她幾項臺灣農產品，放入零關稅銷售到大陸的早收清單裡，她有把握可以爭取得到。

在這之前，我方經貿部門一直不敢與大陸談臺灣農產品銷陸議題，怕談了以後，大陸也會要求臺灣擴大開放，讓大陸農產品來臺品項增加，而且零關稅。賴幸媛自有其精準的判斷，她向農委會說，哪些農產品適合賣到大陸她不懂，所以請農委會開單子，但她有把握，我們農產品將可以零關稅賣過去，同時不讓大陸農產品擴大輸臺。ECFA最後關頭，賴幸媛把談判的氛圍抓得很準。

因此，臺灣的文心蘭、金針菇、香蕉、柳橙、檸檬、哈密瓜、火龍果、茶葉、石斑魚、烏魚、鰺魚、旗魚、秋刀魚、午仔魚、虱目魚、長鰭鮪、大目鮪、黃鰭鮪與甲魚蛋，在兩年內關稅分三次調降到零。

賴幸媛的策略讓中小農戶受益。以文心蘭為例，相較於蝴蝶蘭栽植需要高額資本，文心蘭的投資門檻較低，種文心蘭的多是中小農戶，全臺約四百戶，從業人口上萬。ECFA簽署前，臺灣文心蘭銷陸一年六千支，ECFA簽署後兩年成長為五十萬支。因文心蘭而受益的一萬個家庭，都不是大財團。

至於大陸農產品，我方則沒有擴大開放任一項來臺，市場上可以見到的大陸農產品，若不是違規走私，便是李登輝總統與陳水扁總統執政時開放的。

ECFA談判加緊進行，兩岸逐漸有共識時，大陸方面開始講「讓利」，很快地這詞成為兩岸輿論的共通用語，好像臺灣得到的成果都是大陸主動賜予的優惠。陸委會同仁氣炸了，談判的艱辛，陸方也很清楚，雙方在取捨之間較勁，不是單方讓利的結果。賴幸媛後來在美國演講時，把ECFA早收清單裡臺灣輸出大陸的項目遠多於大陸來臺的項目，定調成是依照兩岸貿易現實的比例原則。邏輯很簡單，本來臺灣賣到大陸的貨品就遠多於大陸銷臺的貨品，早收清單裡呈現臺灣多、大陸少，是很符合現實比例的安排。大陸則對賴幸媛的說法跳腳。

大陸講讓利，民進黨立委質詢臺上多了個罵陸委會的藉口，他們說大陸讓利、對臺灣好，背後一定有政治企圖。談判的人很為難，爭取多了，反對黨就說是大陸讓給你，大陸別有用心；爭取少了，就說你談判不力。

讓利這兩個字，也牽涉中國大陸的內部政治，「讓利」可以讓政治單位方便協調商務單位。商務部有來自大陸產業的壓力，大陸跟臺灣談出來的結果，如果與他們跟東南亞談判的底線差異太大，對大陸不利，大陸政府對產業界也難交待。當讓利成為政治定調之後，大陸的政治單位可以拿「兩岸關係特殊」為理由，要求商務部接受兩岸談判的結果。讓利兩個字是內部政治的臺階。

早收清單，臺灣輸陸多於大陸輸臺，而ECFA的文本裡，則沒有放入大陸堅持、也是民進黨立委們所期待的「正常化」，取而代之的是「考量雙方經濟條件」。這八個字不只出現一次，意思是雙方發展程度不一，經濟量體懸殊，大陸太大，臺灣太小，所以臺灣不讓大陸貨品全部進來。兩岸簽署ECFA的當天，《聯合報》刊出記者汪莉絹的專訪，賴幸媛表示：

> 在今天將公布的ECFA文本中，我方在序言裡堅持寫入「本著世貿組織的基本原則，考量雙方經濟條件」……這等於為臺灣加了一道安全閥。
>
> 外界認為十年或十五年內要對大陸全面開放市場是錯誤的理解，因為文本序言中的這道「安全閥」，只要是我們認為經濟條件不夠的項目，就能一百年都不開放或不降關稅。哪些項目要開放或降關稅，完全由臺灣自行考量經濟條件來決定，沒有期程限制。

賴幸媛藉把ECFA定調為「考量雙方經濟條件」的經濟協議，而不是全面開放的ＦＴＡ，她向臺灣社會喊話，希望傳產與農民不用擔心，也藉機約束兩岸的經貿單位，希望後續的服貿與貨貿談判不要背離ECFA的精神。ECFA的談判過程很累人，兩岸鬥智、猜疑，常常相持不下，更讓賴幸媛對ECFA後續的貨貿協議與服貿協議談判戒慎小心。

賴幸媛日後開會討論貨物貿易協議時，依舊主張不能對大陸全面開放市場，堅持貨貿談判的原則就是「考量雙方經濟條件」八字，她說：「就是威全你想出來的那八個字。」這八個字在兩岸關係上太重要，我實在很想攬上這個功勞，但我不記得這是我的創作，可以確定的是，這個八個字代表的概念是賴幸媛與業務處花腦筋的成果，賴幸媛記錯了。

21

防記者如匪諜

在兩岸新聞交流領域，臺灣方面一直是被動應付的狀態……阻撓兩岸新聞交流的發展。臺灣直到二〇〇〇年底才有限制地允許大陸媒體赴臺駐點採訪……二〇〇八年五月臺灣局勢發生重大變化以來，臺灣當局在取消對兩岸新聞交流限制方面採取了一些步驟，比如：開放了五家大陸地方媒體赴臺駐點採訪……但與大陸方面的積極做法相比，仍顯得保守、滯後。

謝國明，二〇一〇年七月十日
〈兩岸新聞交流亟待「提速」〉，第六屆兩岸經貿文化論壇在中國採訪最困難的地方，在於「找不到人訪問」……臺灣駐點記者認為在中國採訪官方及大型企業的難度較高，需提交採訪大綱及層層公文批示後，才能採訪……街頭拍攝也要申請或受限、議題、消息取得不容易、官員也多需向上級請示，電話採訪接受度低。

游蓓茹，二〇一三年六月〈臺灣媒體記者駐點中國的工作控制與因應〉，國立政治大學新聞研究所碩士論文

與對岸互動，如何讓大陸的談判團隊體會兩岸關係的特殊、臺灣民情的特別，讓大陸不要暴衝，賴幸媛最在乎。她曾經與大陸正局級官員夜談兩個小時，希望對方把她的分析與看法帶回給王毅。這位大陸官員勤勞任事，總能精準傳達大陸對臺政策，他訪臺頻繁，國民黨大老們美食盛宴殷勤邀約；賴幸媛與他的會面有溝通也有辯論，準備了水果和溫開水，水中加兩片檸檬，因為感冒了需要補充點維他命C，他沙啞但仍撐著與賴幸媛對談。

這次會面，對方代表王毅主任向賴幸媛拜個早年，新春吉祥，帶來了王毅主任送給賴幸媛的一份禮物。禮尚往來，賴也回贈。對方帶來幾點訊息：希望兩岸增加互信，陸委會方面發言不要凸顯歧異，期待就兩岸同屬一個中國，達成清晰共識，兩岸可以透過二軌對某些議題先初步交換意見。

對方說，「中華民國」很敏感，但大陸不會視而不見，也不會迴避，中華民國存在的事實，兩岸可以坐下來討論。有陣子大陸輿論有社論對臺灣不友善，對方解釋，現在人民日報也不代表政府了，稿子總編輯看過就發了。對於臺灣，還是以國臺辦的公開發言最精準、權威。

與對岸談，我則在乎賴幸媛與王毅互訪案，談的過程並非一路順遂，有時陸方傳來的訊息，對賴幸媛個人意見頗大，有大陸官員便對我說：「賴主委應該多釋放些積極的訊號」，意思是賴幸媛應該多說些對大陸友善的話，以回應大陸對臺的善意。兩岸事務，涉及大陸很多單位，大陸內部也很複雜，如果多釋放點正面與積極的訊息，國臺辦大陸內部協調起來就順利多了，大陸對賴也會比較有好感。國臺辦某副主任也向陸委會同仁說過：「這陣子兩岸氛圍不好，告訴我們那個妹子，有些敏感的話不要講。」這些話都說得委婉，臺灣有些單位聽到的話語更直接。國安會就曾直接告訴陸委會：「我收到很多抱怨，陳雲林根本不想與妳（賴幸媛）見面。」這樣的話，可能是陸方透過既定管道告知國安會，也可能是往來兩岸的立委向國安會告的狀。

陸方多手策略，你立場軟，對你說話就硬；若你立場硬，他話就軟，各式訊息與壓力不斷地傳到臺灣，希望臺灣各方面最好面對大陸都溫馴，順從大陸的意旨，大陸好辦事。的確，陸委會應該考量大陸內部政治，有時做球給陸方，讓國臺辦方便出手解決疑難雜症。但陸委會主委與陸方打交道，不需要在乎陳雲林喜不喜歡，只需要在乎臺灣百姓喜不喜歡，只要你是陸委會主委，陳雲林就無法迴避必須與你打交道。臺灣政治人物與大陸往來，有時把自己賣得太便宜了，當立委轉達陳雲林的意旨時，忘了中華民國的存在與我們的民主體制才是面對大陸的關鍵籌碼。

陸方抱怨，認為陸委會與大陸方面就是少了點默契：「像我們跟連戰、吳伯雄就有默契，容易溝通。」我回答：「您們也知道這兩位在臺灣民間觀感如何。」對方有點訝異，以我的卑微層級竟然直言批評國民黨的元首級大老，但以對方的認識高度，瞭解我就事論事，只是呈現臺灣輿情的客觀真相。

官僚體系，習慣以形式主義遮掩事實，兩岸皆然；面對真相，對身在其中的官員而言，有時是件令人尷尬的事。

相較於大陸對媒體的掌控，正視媒體的批判是臺灣官員的必修課程，媒體環境不一樣，兩岸官員對兩岸媒體交流的態度有根本的歧異，大陸期待兩岸新聞界共同傳播有利於兩岸關係的正面新聞，負擔起弘揚中華文化的使命。

國臺辦發言人范麗青，也是首位踏上臺灣土地進行採訪的中國大陸記者，在第三屆晉臺新聞交流論壇上的講話，充分代表大陸方面對兩岸新聞交流的立場：

希望兩岸新聞界朋友繼續站在中華民族整體利益的高度，繼續從維護兩岸同胞利益福祉的角度，多宣傳報導兩岸關係和平發展的新形勢、新成果，多做正面、客觀的報導，繼續傳遞正能量，擔當促進兩岸民眾相互瞭解、相互理解、增進感情的歷史使命。

希望兩岸媒體攜起手來，共同弘揚中華文化。兩岸同胞同屬中華民族，有著共同的血緣、歷史和文化，傳承和弘揚中華文化是我們共同的責任。

在臺灣，任何黨執政，都不可能要求媒體多做正面報導。企圖影響媒體，藍綠皆會，但無法直接管制。何況，正面報導，有時只是遮蓋差異，未必利於相互瞭解；鬥嘴、吵架，反而有助認清對方。

除了原則性的宣示，大陸對兩岸新聞交流有具體的提議：兩岸媒體互設常駐機構。對此，臺灣的新聞主管機關相當遲疑。中共媒體受黨指揮，如果新華社在臺設立辦公室，新華社臺灣辦公室算是中共在臺機關，還是新聞機關？新華社香港分社為例，在二〇〇〇年前，香港新華社除了負責媒體業務的新華社香港分社總編輯室，實質上也是中國共產黨中央委員會香港工作委員會，是中共在香港的黨組織。在香港移交給中國大陸前，香港新華社有權任免在港中資企業的幹部，干涉其業務，來自大陸公安部與國安部的情治人員，也多安排在新華社香港分社，隸屬其保安部。

面對媒體互設辦事處一案，兩岸雙方無共識，只能盡量作些便利對方記者採訪的安排。但臺灣開放給大陸的駐臺記者名額少，行動受限，有的大陸記者便以自遊行的形式到臺採訪。二〇一〇年陸客團的遊覽車行經蘇花公路時，因為梅姬颱風土石崩塌而墜海，二十人死亡，大陸記者便抱怨，等到他們趕來臺灣，新聞已成舊聞。

行政院新聞局裁撤後，部分新聞業務由文化部主管，文化部訂有「政府機關（構）接受大陸新聞人員採訪注意事項」規定，有如下規範：

政府機關（構）對於中國大陸新聞人員申請採訪案，應審酌下列事項，以為准駁：

一、採訪者有無文化部核發之記者證；

二、申請採訪是否與內政部移民署許可之行程表內容相符；

三、考量業務性質是否接受採訪；

受訪之政府機關（構）應請中國大陸新聞人員，於採訪結束後儘量提供刊播報導剪報或影帶供參。受訪之政府機關（構）接獲報導剪報或影帶後，應分送文化部及行政院大陸委員會參考。

這樣的規定，沒有任何機關會照著做，文化部訂下的這規矩，只有一個功能，萬一發生事情，文化部可以推說，中央政府早有規定，受訪的某某機關違反，應自負責任。

根據「大陸地區新聞人員進入臺灣地區採訪注意事項」，大陸地區新聞人員申請進入臺灣地區採訪，必須：「提出保證書等文件，包括：採訪計畫及行程表，所屬媒體主管簽署之專業造詣證明文件（內容包括：一、媒體概述。二、任職簡歷：任職年限、工作性質、曾任職務等。三、所屬媒體指派進入臺灣地區採訪之意思表示）……大陸新聞人員不得擅自變更採訪計畫及行程表，若有變更應先向文化部報核，再檢具變更採訪計畫及新行程表送入出國及移民署備查。」

這些規定，看起來不像是民主國家應有的新聞管制。新聞工作首重靈活，突發狀況多，很難照著採訪計畫走。臺灣官方對大陸記者的管制，較像是把記者當匪諜。

陸委會則定調，兩岸新聞交流的重點在資訊的自由流通。陸委會舉辦兩岸新聞報導獎時，藉著賴幸媛主委的致詞稿表示，兩岸新聞交流，不能只是媒體人或是學者個人人際關係的再擴大而已，也不能只是讓大陸記者多了一個採訪領域，或讓臺灣媒體多了一個廣告市場，促進進步力量在兩岸社會相互滲透與相互影響，新聞應該是其中的重要項目。兩岸新聞交流不能只看駐點人數多寡或時間長短等問題，重點在於是否能享有實質的採訪自由，以及新聞資訊能否自由流通。讓大陸的網民們可以透過網路，看到臺灣公民記者的報導，他們對臺灣的理解不再是只能透過大陸媒體的報導，這應該是兩岸新聞交流所要追求的目標。

這段話，點出了大陸省市團大舉來臺的同時，也挹注了不少廣告資源給臺灣媒體。但臺灣主流媒體認為陸委會推動兩岸新聞交流太被動，質疑陸委會沒有誠意，臺灣媒體需要到大陸設辦事處一事，陸委會沒盡力解決。大陸方面則認為陸委會高舉著不切實際的新聞自由旗幟，故意為兩岸媒體互設辦事處一案，設下高門檻。

國臺辦公開呼籲陸委會，兩岸新聞交流事宜，應該先易後難，從簡單的事情入手。與大陸官員談時，我說，先易後難，沒問題。問題是，互設辦事處，你們覺得容易，對我們來說難；新聞自由，你們覺得難，對我們來說一點問題都沒有。

拿著新聞自由的名號，當擋箭牌，不去談兩岸媒體互設辦事處，確實有這味道。但當時陸委會強調兩岸新聞交流的重點在資訊的自由流通，不是說說而已。不只一次，我向大陸不同單位的主管講著相同的故事，劉正慶與白曉紅。已逝的中央社記者劉正慶告訴過我，他想採訪姚明，他的「申請」在體育主管部門與新聞部門間被踢來踢去，不得其門而入。讓臺灣讀者多認識一下姚明，這位「大陸人民的驕傲」，到底對中共有何不好？正慶如此抱怨。何況，被稱做「移動的長城」的姚明，不正是中國民族主義的象徵，是中共希望世界看到的中國形象？

在臺灣出生、成長的白曉紅旅英多年，曾任職《衛報》，書寫許多英國華人移工處境的調查報導。二〇〇四年的英國寒冬，莫克姆灣海灘死了二十三名中國青年，他們的工作是撿拾貝類，因為不熟地形、不悉海性，突然漲潮而被困在距離海岸約二英里的沙洲上，被海吞噬。白曉紅偽裝為無證件移工，與拾貝工人們一起生活，揭露了華人移工面臨的種族衝突。白曉紅的報導大陸的網民無緣看到，這是大陸社會的損失。

陸委會更期待大陸較具批判性的記者可以多來臺灣，賴幸媛藉公開談話支持臺灣的媒體專業組織，例如記者協會，與大陸較具批判性的調查報導者交流，實務上，陸委會補助過臺灣媒體專業組織邀請南方都市報等媒體的記者到臺灣參訪，觀察臺灣的選舉。二〇一一年十月，第十五屆兩岸新聞報導獎頒獎典禮的主委致詞稿裡，賴幸媛提到：

> 過去三年多來，陸委會也樂見、甚至協助臺灣的公民團體為兩岸進步的媒體人搭建深度交流的平臺。因為深度交流，對於選舉活動早習以為常的臺灣記者朋友，在他的報導寫下了，「去年五都選舉時，有大陸記者在候選人造勢場

合上，近距離見到馬總統，感受到兩岸官民距離的重大差別，離開激情的選舉晚會，他們在歸程中感動落淚：『臺灣，你讓我們哭了，為自由而落淚。』」

支持大陸進步媒體人到臺交流，因為讀著這些記者的報導，有感觸。聆聽他們訴說如何下鄉與環保運動者共同追查汙染的共犯結構時，感覺好像回到了八〇年代的臺灣，閱讀著《人間雜誌》、《南方雜誌》等報導文學，看著媒體人與正在興勃的社會力結合。當臺灣的工運、農運運逐漸沈寂，有些社運團體逐漸被政治力收編時，看著大陸較具批判性記者的報導，感受到大陸社會旺盛的反抗。

賴幸媛致詞稿裡的「批判性的記者」，有些大陸官員覺得刺眼，認為支持這些記者，是刻意與中共政權唱反調。我辯駁說，不批判，就不是記者，臺灣主流媒體不也一天到晚批判政府。陸委會不是刻意支持某些大陸記者批判中共政權，而是陸委會的自我反省，身處臺灣的公部門，應該積極與罵我們的記者往來。陸委會舉辦兩岸新聞報導獎，特別增加了公民新聞獎項，支持獨立記者的批判性報導；陸委會主辦新聞獎論壇時，還邀請了苦勞網的孫窮理出席演講。苦勞網長期支持社運，罵起政府來不手軟，賴幸媛主政的陸委會，積極與民間批判性的聲音互動，與兩岸批判性強的媒體朋友往來，不是針對中共政權，而是兩岸社會都應該有獨立記者的反叛聲音。

陸委會的新作法，連承辦兩岸新聞獎的大學也有些不習慣。該所大學與主流媒體淵源深厚，聯繫起媒體主管與前輩，從容順利，卻不知如何聯繫孫窮理，一直回報說找不到他，問說能不能換個人。我堅持，非他不可。其實網路上搜尋，兩秒鐘就可以搜到孫窮理的手機號碼。論壇時，孫窮理一身隨性、不修邊幅的穿著，在盛大的講臺上，坐在豐容盛鬋的主持人旁，的確對比強烈。

兩岸新聞資訊自由流通，對大陸未必不利。大陸人民若有機會見到臺灣的電視新聞，就可以見識到許多臺灣新聞臺，內容只是路人吵架、巷口車禍、鄰居小狗汪汪叫。如同在臺陸生對臺灣電視新聞的評價，淺薄、瑣碎，井底之蛙。這樣的新聞資訊，推翻得了中共政權嗎？

大陸對賴幸媛的意見太多，新聞自由是其中一項，大陸對她的不滿，是賴幸媛能否赴陸的絆腳石。

臺灣政壇人士若要訪陸，依對岸的操作慣例，一是看其個人，二是看其身分。例如陳菊任職高雄市長時訪陸，其身分是地方首長，不是中央官員，陸方可以接受其身分，因為對大陸而言，臺灣是中國的一個地方省分，高雄市是地方政府轄下的地方政府。這涉及兩岸關係的政治定位，中國大陸原則抓得很緊。至於個人，陳菊北京行規劃祭拜蘇慶黎，陸方解讀為是對中共友善的行為。蘇慶黎，臺灣社運朋友們口中的蘇姐，父親蘇新是臺南人，以筆名莊嘉農寫作《憤怒的臺灣》一書，內容描寫二二八事件中臺灣人民與國民黨當權者的鬥爭，他曾參與日本共產黨、三民主義青年團與中國共產黨。蘇慶黎則長期投身社會運動，參與過美麗島雜誌，創辦戰後臺灣第一份左派刊物《夏潮》，並在八〇年先後參與了工黨以及勞動黨，後來病逝於北京。蘇慶黎與陳菊政治主張不同，但曾同是黨外的老戰友，此重淵源，中國大陸歡迎陳菊到訪。

大陸幾次對陸委會多有批評，也私下傳達了不少對賴幸媛的不滿：「我們與陸委會的氣氛不好，就不可能把賴主委到大陸的想法上報，否則上面會說這時候怎麼會提出這個議題。」但因為有之前的兩岸一甲子晚宴講話，再加上陸委會主委就是她，大陸方面基本上無法否定賴幸媛這個人，國臺辦還是得與賴幸媛合作，共同控管兩岸交流的節奏與秩序。

身分問題，是對岸是否同意賴幸媛赴陸的最重要關卡。

22

賴幸媛、王毅緣慳一面

新任外交部長王毅十七號晚間在北京與臺灣駐京媒體餐敘。王毅表示，他做國臺辦主任最大的成就是兩岸風平浪靜，而最大遺憾是從來沒有去過臺灣。王毅說，國臺辦主任訪臺時機大體成熟，希望下任主任能儘快到臺灣去，相信大家會像朋友一樣歡迎他。

〈王毅：希望新任國臺辦主任儘快赴臺訪問〉，《鳳凰衛視》

二〇一三年三月十八日

臺灣「陸委會主委」賴幸媛今天卸任……「陸委會」原本有提供座車，但賴幸媛說，自己用走的離開就好，一身便裝的幕僚施威全跟上來說，「主委，我們一起去搭捷運」，兩人邊走邊揮手，告別「陸委會」。

王宗銘，二〇一二年十月二日

〈賴幸媛搭捷運告別「陸委會」〉，中評社

歷次江陳會在臺舉辦時，賴幸媛與陳雲林都有公開的會面，前三次，陳雲林皆謹守尺度，迴避賴幸媛的官方身分。二〇〇八年陳雲林與賴幸媛會面時，以「你」、「您」和「臺灣主管大陸事務的主要負責人」稱呼賴幸媛；二〇〇九年陳雲林以「幸媛」稱呼賴幸媛，也交錯使用「你」稱呼。「幸媛」，表示雙方既然以前見過面，那就算是老朋友了，稱呼可以親切點，但臺灣輿論的解讀頗負面。二〇一〇年賴、陳第三度會面，陳雲林乾脆不稱「幸媛」，避免引發話題，改用「您」，仍舊沒有提及賴幸媛的頭銜。

臺辦系統同樣地，也迴避在公開的交流場合與陸委會正式互動，即使國臺辦與陸委會後來建立直通管道，幾次跳過海基與海協私下會面過，但這些都是祕密行為，非公開、直接往來。臺辦系統，不管是中央層級或是地方層級，派員隨著大陸交流團到臺灣參訪時，遇到交流團拜會陸委會，臺辦系統的官員就會身體不舒服，或是說另有要事，不隨團踏入陸委會大門。

陸委會一直要臺辦系統試著習慣官方與官方的正式往來，劉德勳副主委便曾要求某省臺辦主任到他辦公室。該主任是進入陸委會的臺辦第一人，他可以作證，陸委會沒有布置捕獸夾，也沒有十八銅人陣。國臺辦大樓裡每個電梯都站著位漂亮的女孩，就好像臺灣的日式百貨公司一樣，陸委會的電梯裡沒此服務。

陸委會的立場，一向呼籲中國大陸當局正視中華民國政府的存在，希望大陸官方與陸委會正常往來。陳雲林每次不稱呼賴幸媛官銜，總被反對黨做文章，我銜命訪陸時再三要求陸方改善。劉德勳副主委要我告訴大陸，陸委會的存在正代表兩岸關係特殊，所以我們的政府體制，不由外交部來處理兩岸事務，特別成立了陸委會；陸委會受立法院的內政委員會監督，而不是外交與國防委員會，這體現了中華民國政府把兩岸議題當成國內事務。

陸委會希望賴幸媛與陳雲林的第四次會面，對方可以稱呼主委官銜。如何自然地說出「陸委會主委」，劉德勳副主委的提議是，可以先講說「在您擔任陸委會主委這幾年來……」，然後接下來就可以順勢地稱呼「陸委會主委」了。就好像告白，第一次總是比較害羞，以後就會順口。

劉副對陸委會政治定位的解析，也被我拿來用在賴、王互訪案，主張賴幸媛以陸委會主委身分訪陸，官銜不該是問題。二〇一一年深夜在北京，當大陸官員電話告訴我「看起來，王老闆與賴老闆互相拜訪，是可以安排的」，我知道，官銜的問題應該可以解決了。

第八次江陳會，也是賴幸媛與陳雲林的第四次會面，正式開幕前，藉著海基會與海協會的平臺，對岸告知，陳雲林將會以官銜稱呼賴主委。賴陳會當天，記者在時陳雲林依舊沒有稱呼「主委」，只說「您」，記者離場閉門會談時，陳雲林說：「我知道您與陸委會的同仁都希望我稱呼您賴主委，賴主委……」，然後就一路都稱呼賴主委。陳雲林的告白比我預期的還直白，當場心愣了一下，很高興，幾次的穿梭有點了成果。事後陸委會告知媒體陸方的此一改變，但陳雲林公開面對媒體詢問時，避而不談。

陸委會主委與國臺辦主任互訪，又往前推進一步，將成定局。可惜賴幸媛與王毅在有機會碰面之前，都另就新職了。王毅新任外交部長時，公開說「我最感到遺憾的是，一直沒有機會到臺灣去走走看看。我希望我的後任能夠儘快地到臺灣去。」王毅與賴幸媛心裡都清楚，他們本來快要碰面了。

二○一二年九月，總統府宣布賴幸媛離職陸委會，接任ＷＴＯ大使。陸委會給了府方一份文字，讓府方定調這項異動時，可以述上賴幸媛的政績。

> 賴幸媛在國際事務與經貿外交方面，是個開疆闢土型的專業者，她曾是臺灣加入ＷＴＯ的政治協商主談代表，成功推翻了會損及國家主權的「港澳模式」，並且讓我方與大陸在同一個議程時入會。ＷＴＯ是我國政府參與的國際組織中會員數最多的一個，是經貿聯合國，賴幸媛的新職將不限於ＷＴＯ事務，有責任推動與各國發展包括經貿關係在內的實質關係。
>
> 賴幸媛成功地操盤爭取到在ECFA文本載明「考量雙方的經濟條件」，成功地守護臺灣中小企業利益；並且藉著第四次江陳會，主動邀約大陸代表團面對面直接溝通，成功說服大陸，因此後來我方才能爭取到讓臺灣十八項農產品列入早收清單，巨幅擴大臺灣農產品輸陸的規模與金額。
>
> 常深入基層，了解草根民眾的擔心，是賴的從政風格。賴幸媛曾經帶領本土傳產業者抗爭，為毛巾業者爭取到課徵大陸毛巾反傾銷稅，為南投茶農爭取

到一億四千萬元的進口損害現金救助。曾經參與民主運動，她與本土社會深厚的連結，讓她對臺灣社會的氛圍有深刻的體會，雖然留洋，但她的草根經驗是從政過程中思索政策時很重要的依據。也因此常呼籲大陸，兩岸關係的推動節奏很重要。國臺辦四年多來的一些作為，可以看見著重務實效果、彈性調整的痕跡，這與賴幸媛與大陸方面的互動有關。

這幾點，是我希望媒體呈現的賴幸媛。任職陸委會四年又四個多月，賴幸媛是陸委會史上任期最久的主委，超過蔡英文的四年主委任期。不同於蔡主委任內兩岸官方極少互動，賴主委任內，兩岸協商頻繁，主委一職，其公權力牽動兩岸互動，這份權力長期歸屬於一人，的確不妥，如果我是總統，我也會將她換下來。四年多，夠長了。

賴幸媛最掛心的是ECFA後續的貨貿與服貿協商。ECFA的談判過程很累人，兩岸鬥智、猜疑，常常相持不下，因此賴幸媛對ECFA後續的貨貿協議與服貿協議談判戒慎小心。她有心抓緊服貿與貨貿的談判主導權，可惜兩個協議的協商起步沒多久，被要求得離開陸委會。當總統馬英九告知這項安排時，賴幸媛希望留任陸委會直到服貿與貨貿談完，因為這兩項協議太多地雷，一不小心容易開花。果然服貿後來引發了太陽花。

賴主委離開陸委會，因為我是她聘用的機要，也得離職。離職當天被限令下午六點前得清空辦公室，讓接任的人把東西先運來擺著。那是我在陸委會近四年，第一次那麼早就下班，也是最後一次。我的工作繁雜，忙到最後一刻還沒忙完，但仍盡力準時離開。我把抽屜裡的雜物一股腦倒進去黑色垃圾袋，清空，讓陸委會的同仁可以擺上新的文具，迎接新主人。

我離開時，賴幸媛仍在辦公室整理東西。反正她常比我晚下班，這天我也就不等她了。

隔天早上，主委交接典禮，我沒上樓到會場，識別證已繳回，陸委會是有門禁的國安機關，我再也不能長驅直入。我在一樓大門外等，等著舊同事們送賴主委下樓，一大群記者簇擁著新主委時，我在門外等到卸任主委，然後一起走路去搭捷運。那是三年多來，第一次我在上班日沒有穿西裝，我穿著POLO衫陪著賴主委。我們後來找了家咖啡廳，盤點一下。一場棋局下完了，清理戰場的工作才進行到一半，討論該防範注意的事項，也開始規劃下盤棋。

賴幸媛任上，她要下臺的傳言始終不斷。單一份報紙，斬釘截鐵說賴幸媛將下臺，就報導過五次，每次都假。二〇一一年二月一日，各報還不約而同以頭版宣告賴幸媛下臺，那次記者們向我查證時，基於職責，我只能說，賴主委是當事人，不應該就人事異動傳聞表示意見。二〇一二年十月，賴幸媛真的離職了。二〇〇八年四月，她還沒上臺，就有壓力要她下臺，等到她就任了，有輿論說撐不到三個月，誰想得到她當了四年多的主委。

在內閣人事更動頻繁的臺灣政壇，這日子很長。之前，二〇一一年年關將近時，賴主委探頭我辦公室，問說有沒有新年月曆。我才發現，以前歲末，各國營事業、各單位寄贈給她的月曆早就堆成一座小山，除了轉送，只好丟掉，而這次只有兩、三本。當時輿論不看好馬英九總統會連任，更多人以為，就算馬連任，賴主委也不可能續當陸委會主委，難怪各方都停送月曆了。政壇冷暖，賴幸媛還在職時，我就有所體會。

涉入政治十多年，我在公部門看過許多類似的片段。有位政壇前輩，被調整職務，名義上平調，實質上降調，他辦公室中一片冷清。他說我是唯一送花給他的人。鮮花盆栽的卡片上我沒寫「賀」，沒寫「榮調」，只寫著「英勇戰將」，表示我仍然記著他在中南部領軍打仗的辛苦。

離開陸委會，不是我第一次體驗「掃地出門」，見過更淒涼的景象。二〇〇八年立委選舉後，多位立委落選，包括現在政壇上頗為得意、位高權重的幾位，當時都落選了。選舉結果塵埃落定的隔天起，立院就不見這些人的身影，躲起來了，儘管他們的任期還有十九日。立法院的氣氛相當冷，走廊、車道旁與大樓側邊都擺滿待搬走的物品，許多敗選委員搬走了立院的電腦，某副院長辦公室，連大型印表機也搬，就擺在立院中興大樓側門。偷搬東西也不好好遮掩，只是用報紙蓋一下機器頂部，幾乎整個機器，連同牌名與型號，都露出來了。掌權時，有資源可揮霍；失勢時，器械物品斤斤計較。

那年的一月三十一日，立法委員任期最後一天，半夜十二點一到，〇時〇分〇秒的那一刻，不管你搬好了沒，抽屜整理乾淨了沒，立院的清掃人員就湧入立委辦公室，把桌上、抽屜、地上所有的東西全掃入垃圾袋。三兩下，清除地澈底。

政壇起伏看多，受賀「升官晉爵」時我格外警惕。二〇一六年朱立倫市長要我到新北市府上班，到職首日，侯友宜副市長就對我說：「我不是要在你上班的第一天就觸你霉頭，送你一句話：人上臺時如同爬坡，要彎腰謙卑，下臺時如同下坡，要抬頭挺胸，重心才穩。」回到辦公室，我看著逐漸湧進來的盆栽、鮮花，我知道，這些花很快就會枯萎。

豔麗多彩只是短暫，政治人物離職時的身影更值得觀察。二〇一八年，我已離開政界頗有段時日，耶誕節前夕，看著新北市議會的職員正鋪著紅毯，也準備了六十六個胸花，待明天一早宣誓就職典禮，紅花綠葉襯映著新當選議員的容光喜悅。這晚，許多的縣市長、政務官、民意代表，因為敗選或任期屆滿，是他們任上的最後一夜。任期屆滿的新北市長朱立倫在歡送儀式的喧囂過後，走回靜默的辦公室，熄燈、關門，轉身離開前，佇立了一下，望了一眼這個待了八年的空間。他的幕僚在臉書上寫著：「像是剛嫁出女兒的父親吧。」

賴幸媛的臉書上，還貼著離開陸委會時的背影，照片旁寫著她的告別：「我們曾一起面對艱難的處境，大家常聚集在我辦公室裡的會議桌，交換自己的研判，推論可能的發展，小小的主委辦公室就好像一間執行總統大陸政策工作的戰情室。跟具有智慧與能力的人一起工作、討論、分享看法，是我在陸委會四年多來最享受的時刻；這裡有機靈聰慧的頭腦、熱情綻放的靈魂。」

23

族群主義澆灌的太陽花

前陸委會主委賴幸媛的辦公室主任、現任行政院中部辦公室副執行長施威全，昨天親上火線，到立法院與反服貿學生面對面談服貿協議，施威全以「捍衛自己所作的事情」，跟學生強調……我們必須面對現實。

黃國樑，二〇一四年三月二十八日〈政院中部辦公室副執行長也上火線，施威全到立院與學生對談〉，《聯合晚報》

如同音樂劇，謝幕後偶爾仍有驚喜，有grand finale，或是encore，《服務貿易協議》引發的太陽花運動，就是我一鞠躬離開陸委會後的encore，我對兩岸事務不甘放手。

太陽花的聲浪襲捲全臺時，我在行政院中部辦公室工作，以前的同事傳來訊息，陸委會士氣低落，好像大家是歷史的罪人，以前與陸方鬥智鬥力簽下的協議都是罪過。但我最感訝異的還是民進黨中央的手足無措，被群眾聲浪帶著走，又擔心群眾激進過頭。中部綠色政壇的立委和主委們趕著朝聖，到立院議場合影、打卡，這就是民進黨朋友的太陽花經驗。也難怪，這些公職人員從來與社運絕緣，無能站在浪頭上引領風騷，隨波逐流撿拾浪花而已。

當時我處心積慮，在一面倒把太陽花當正義之聲的輿論中，企圖在中臺灣媒體上發聲，聲量小沒關係，但批判太陽花主張的論調一定要有、要被看到。因此我出席了在地青年文史團體「鹿港囝仔」舉辦的「小鎮公民論壇」。我的官方身分一定會面對砲聲隆隆，可以預期；但我也預期地方民進黨立委、縣長參選人們不會出席。經濟議題，他們較不熟悉，在這樣的情境下，我出席，便有機會陳述一些概念，並反駁網路反服貿懶人包的謠言。

三月二十二日，太陽花佔領立法院的第五天，小鎮公民論壇在古蹟日茂行前舉辦，距離我長大的老家不到一百公尺，裡面住著新宮里里長，我家族長輩的逸事經歷，比我還熟悉，他提到最尊敬的老師，就是我媽媽。里長很高興與老師的小孩相逢，我握著他的手向周邊對我怒目的老人家說，施媽媽教出的里長作人正派，她生的小孩難道會幫國民黨為非作歹？

兩百三十年前的日茂行是鹿港首富，我們激辯服貿的所在是乾嘉年間的船頭行，當年的河海交會處，帆來撸去穿梭臺海。屋前巷道名叫泉州街，標誌著鹿港繁盛時的一頁兩岸貿易史。千帆過盡的歷史場景已不復見，我們在此談服貿，談兩百三十年後的兩岸來往。

第一題挑戰來自在地眼鏡行的施先生，他激動控訴，認為服貿協議將讓臺灣驗光師無法執業，全得讓位給大陸的驗光師，因為沒有驗光師制度的臺灣，只有眼鏡行自己頒給自己的驗光師證書，沒有官方的驗光師證照，而大陸有真正合格、官方認可的驗光師。施老闆認為服貿將讓臺灣的驗光師成為非法，而合法的大陸驗光師會進駐臺灣。我起身走向他，把服貿協議遞到他手上：「服貿協議就這麼薄薄一本，全在這了，十分鐘可以翻完。看完了您再跟我說有哪一句話提到驗光師。」

眼鏡行老闆的擔憂根本不存在，但其控訴自成邏輯，這非特例。反服貿聲浪中盡是這類的問題，把不存在的事實當作指控的標的。不只百姓，學界、專家似是而非的聲音也重覆地被媒體凸顯，熱門的項目包括印刷、餐飲、電信等，都被說成將被中資殲滅，還有投資六百萬臺幣，大陸人就可以移民臺灣等謠言。《自由時報》幾次大篇幅專題列舉了將被服貿衝擊的行業，上千行業、近千萬就業人口都被羅列，每次都四個大版刊出悖離事實而炮製的亡國亡臺恐慌。

媒體的恐嚇有效，因為經濟量體太大，大陸的崛起令人怕，也因為國民黨政府上層菁英已不被多數民眾當成自己人、失去信任，涉及兩岸事務，國民黨推動的必是包藏禍心、危及臺灣。民眾對大陸政策的理解是錯誤的，但他們的擔憂是真實的，這些擔憂與感覺是執政黨要面對的客觀存在課題。反服貿風頭上，我還曾與印刷業者溝通，在街頭、在校園與大學生們座談近十次，深切感受：政治講感覺，道理未必有效。

三月二十八日午間，我到學生抗議的臺北現場，進進出出立法院，周遭繞繞，聽到舞臺上有人高聲指控苗栗大埔土地徵收案，說這就是國民黨要搶我們臺灣人的土地讓我們沒地方住；有教授演講反對醫療服務財團化的趨勢，這我贊同，但財團法人醫院成為企業營利的管道，早已如此，這趨勢不因為服貿協議而有一絲增減。

我聽到的演說，看到的傳單，所有對服貿的指控，要不與服貿完全無關，要不就是謊言。

到了晚上，學生更多，立法院四周全是席地的學生和支持的群眾。我坐下來與一群學生談，聽聽他們的關切。學生們主要的論點是，大陸不承認臺灣是個國家，所以談協議枉然；大陸潛規則太多，對臺灣不利；擔心自己的未來會受服貿影響。學生質疑說，有規定就有漏洞，政府有能力把關好嗎？他們恐懼簽協議，怕臺灣會被大陸湮沒。

學生的憂慮頗合理，但是政治上大陸不承認中華民國，六十多年一向如此；經濟上大陸是臺灣最大的貿易夥伴，這是二〇〇三年陳水扁總統執政時發生的事，他在朝期間臺灣與大陸貿易往來巨幅增加，民進黨政府在八年間開放三千多項多大陸產品來臺，扁政府每天一開門，就開放兩項大陸產品，臺灣與大陸的貿易量成長了四倍多，臺灣對中國大陸的投資也成長了近四倍。大陸產品一窩蜂出現在臺灣市場，早就如此，不是因為馬政府上臺。

至於大陸商業環境有太多潛規則，也是既存事實。這三項現實存在已久，如何面對處理？兩岸往來密切，如同兩個鄰居生意作得頗大，但沒有一紙白紙黑字的契約規範彼此權利義務，這買賣難讓人安心。兩岸交流遊戲規則不清楚，有人鑽營投機犯罪，衍生了不少治安、民生問題，兩岸都擔心害怕。制度化協商，簽訂協議，就是要規範兩岸交流秩序。

也因為有潛規則，所以更需要兩岸協議，讓臺商較有保障。例如簽了《投資保障協議》後，在大陸經商的臺灣人，如果晚上在夜店爭風吃醋有糾紛，被公安抓，陸方便有義務做到通知跟通報。通知臺商家人或公司，通報則是是由大陸主管機關通報臺灣的機關，讓臺灣政府清楚掌握臺商的人身安全。雖然類似例子，臺商通常不願意讓家人知道。

要擱置主權爭議，務實協商解決兩岸經貿交流帶來的問題？還是繼續吵主權問題，兩岸交流衍生的問題因而擱置、無法處理？兩條路，臺灣得選一條，避免不了。除此之外，有第三條路作為可行的替代方案嗎？民進黨再度執政已多年，沒找到解方。

ECFA與服貿等協議不可能承載所有的期待，簽了以後讓大陸的潛規則就不見了，但ECFA與投資保障協議和共同打擊犯罪等等協議，簽了之後，規範兩岸交流秩序，比過去多了保障。

抗議的學生重視程序正義的問題，我反駁他們「服貿黑箱」的說法。服貿協議一簽訂，所有條文、附件都白紙黑字公布給各界，到太陽花學運爆發時，九個月了，並不是一直都裝在箱子裡，等到立院開會審議的那天才打開。而且，即使依國際慣例，簽約前不能公布條文與談判底線，但行政單位仍然在協商期間，向立法院長王金平、各黨黨團、及經濟、內政委員會簡報。服貿協議的內容早已不是祕密，從ECFA在立法院通過的那天起，媒體焦點就轉移到將進行談判的服貿與貨貿，服貿協議簽訂前，媒體報導很多，學生以前不知道，現在才特別注意到，就說政府故意隱匿、立法院三十秒通過服貿，這是栽贓。

真正的黑箱是立院協商。陸委會推動兩岸條例二十九條修法時，立院遲遲未過，在休會的前幾天，立法院密集協商，朝野協商所有堆積在立院的草案，趕著能在會期最後一天表決，屆時將有三百條、五百條草案等著立委邊瞌睡邊舉手。立院慣例，假設有三百條法律案等著協商，通常先排序，一至三百，第一條協商好了，輪到第二條，第二條協商不過，暫時把它抓到一邊，先協商第三條，這樣輪到第三百條後，再繞回來從先前尚未達成結論的第二條開始。當時朝野協商到陸委會的兩岸條例第二十九條，協商就停了，停了整個半天，陸委會同仁每隔一個小時，就跑到協商的小房間外面等，探聽最新進度。這事蹊蹺，協商不下來的時候，就應該先跳過去，協商下一條，等下一輪再回來協商卡住的這條，為什麼刻意卡在那邊？原來有人卡著陸委會的兩岸關係第二十九條當籌碼要交換利益。

學生反服貿的理由之一，是沒有監督條例。我也解釋，沒有兩岸協議監督條例，立法院仍可以監督，重點是要不要做。立法院可以透過決議、透過專案報告的方式，也可以建立內規、建立慣例，甚至立法通過兩岸協議監督條例，這些都是立院的職權。行政單位做的是簽協議前盡量透明，不透露談判底線前提下，赴立院向院長、黨團、委員會報告，接下來立院想如何監督，只要有心，都可以建立制度。以服貿為例，立法院朝野協商決定要開二十場公聽會，我關注了其中七場，反對服貿的委員們沒有一個從頭到尾全程參與。

與學生談了兩個多小時，因為盤腿坐地，起身時，腳麻了站不起來，學生們很有禮貌扶我起來。

24

認同政治下的臺灣意識

服貿座談會結束後，主辦單位關掉了麥克風，民眾繼續圍著施威全，鹿港小鎮的夜色中，這時激情已褪，只有他的語音娓娓說明疑點，又持續了一個多小時。

二〇一四年三月二十五日
行政院中辦新聞稿

後來幾次我到大學校園座談，辯論大陸政策，學運學生總問，服貿不會衝擊臺灣社會？他們不要模擬兩可的回答，但報上的官方回應，都只說如果有產業受到衝擊，政府已備有基金援助。學生的擔心是，到底會不會影響到未來的生活方式？影響他們的工作前途？我的答案總是直接了當：「不會」。因為服貿是個乾乾癟癟的協議，服貿協議裡有些項目，臺灣早就開放陸資來臺，寫進服貿裡，只是為了讓帳面上好看點；服貿裡面寫的許多規定，例如大陸人士來臺的規定，早在陳水扁總統執政時就存在，服貿沒有添增新做法。

也因為ECFA裡面有個安全閥，白紙黑字寫著「考量雙方經濟條件」，意思是，你大陸大、我們臺灣小，你一個福建水果進來臺灣就受不了了，所以臺灣不與大陸講對等開放，事實上大陸很多項目也不需要臺灣市場，因為市場小，沒賺頭。服貿是ECFA的一部分，「考量雙方經濟條件」的安全機制適用於服貿，也是談判時，我方團隊不斷提醒陸方的主張，我們告訴大陸說，你們不能老說大陸跟紐西蘭、日本談的如何，要我們比照，開放讓你們進來，沒這回事。

何謂衝擊？偶發的個案不叫衝擊。《自由時報》喜歡報導陸配的負面新聞，某某大陸配偶，犯下刑事案，這不是衝擊，每個社會都有好人與壞人，這是個案。所謂衝擊，民進黨政府在八年間開放三千多項多大陸產品來臺，不少傳產受創，這便是衝擊。服貿不會造成這類產業的衝擊，因為貨品輸臺不在服貿裡，在ECFA的早收清單，早收清單生效後，臺灣沒有一項產業受到衝擊。有些臺灣產業因為大陸貨輸臺而受影響的，都是在ECFA之前就發生的，ECFA與他們的損失無關，遑論服貿。

服貿也不會造成大批的大陸白領來臺，太陽花現場散發的傳單，指控「大陸人投資六百萬就可全家移民臺灣」，是謊言，因為服貿沒有開放技術移民，也沒有任何讓大陸人來臺定居的規定。大陸商務人士來臺經營商務只有兩類，一類是民進黨時期就開放的跨國企業白領人員，來臺人數最多的一年是民進黨執政時的二〇〇三年，共四百九十人；第二類是開放陸資來臺後的大陸白領管理人員，從國民黨執政時的二〇〇九年六月到太陽花發生前的二〇一三年年底，四年合起來共來了二百六十四位大陸籍主管或技術人員，而這期間這些陸資雇用臺灣員工共一千二百三十九人。

不管是跨國企業的白領或是陸資的白領，這兩類人來臺都需要申請停留簽證，簽證到期後申請延簽必須再接受審查，而且受嚴格的條件限制，例如在臺投資金額約六百萬臺幣的企業一年營業額要有一千萬，才能申請到白領管理人員一人的簽證，一家公司最多只能申請七個人來臺。來臺的大陸商務人士，只是出差的過客，出差不是移民，臺灣法律並沒有讓過客轉成為技術移民的規定，既然不是移民，當然無法定居、長期居留，不管這個過客在臺灣待了多久都不行。過客的家人、小孩更不可能取得我國國籍。

太陽花風潮下，受影響的輿論對陸資的看法也頗偏頗，老忘了臺灣是資本主義社會，市場競爭下，進的來的未必能活下去。若檢視服貿的具體的內容，臺灣開放給陸資的，多是早已過時或毫無利基的產業，這些項目放入服貿協議，只因為大陸方面講究形式主義，ECFA的後續協商，服貿、貨貿與爭端解決，陸方急於完成拼圖，為了完成服貿協商，也為了讓服貿看起來豐滿點，這個協議放了許多濫竽充數，對兩岸市場起不了任何作用的項目。

談到市場，反對兩岸經貿往來者，提到臺資與大陸市場時，總是強調風險，高喊臺商前進大陸必死無疑，屍骨無存；提到陸資來臺，總講成陸資定會長驅直入，橫掃臺灣。對這些人而言，投資有輸有贏，但不適用兩岸，陸資只贏不輸，臺資只輸不贏。依此邏輯，外資早就蜂擁入臺了。

在服貿協議之前，兩岸資金往來早就存在，所以很多實例可以觀察，臺資在大陸並非哀鴻遍野，陸資在臺沒有一帆風順。例如，著名的陸資餐飲企業，俏江南風光來臺，然後慘澹經營、歇業。

服貿協議不允許陸資開連鎖店，太陽花學運卻把陸資入臺描繪成將傾覆臺灣，街頭巷尾將出現一家家六百萬臺幣資金，大陸人開的雜貨店。臺灣的柑仔店早被7-11打敗三十年了，這是日資，與服貿無關。

資本生死的決定是在市場，而不是服貿的規定。服貿延續ECFA的精神，是小而保留的協議，並不是大而全面開放的自由貿易協定。小，指的是項目少；而保留，指的是設了許多把關機制。服貿裡面的項目，如果是早就對中國大陸開放，或不認為其有能力影響市場的，在服貿協議裡限制就比較少。比如說美容業，可以獨資，但不能連鎖；擔心會影響臺灣社會或引發政治擔憂的，譬如電信業、印刷業，就有股權限制，有的限制最高百分之十二，而有限制百分之五十。

與產業界座談時，有印刷業者擔憂服貿的規定無法實際限制大陸股權，他說，明的規定是百分之四十九，暗的用其他的方式，陸資仍可以控制百分之五十以上。我回應說，這例子自身足以證明與服貿無關，陸資真有心取得一家印刷廠過半的股份，不用等服貿，轉投資、轉投資、再轉投資，用外資身分來臺，早就可以如此操作。理論上有可能，會不會真的大費周章地來控制一家印刷廠，或者來控制電信第二類，這種毫無安全價值的服務？在市場上又是另一回事。

太陽花落幕後，二〇一四年四月，民進黨立委鄭麗君質詢文化部長龍應台，談到出版、印刷業者對服貿的擔憂，鄭麗君援引《臺紐經濟合作協定》中「文化例外」原則的主張，質疑服貿協議裡沒有保護本土文化的機制。《臺紐經濟合作協定》在《一般例外》專章裡規定：

> 就本協定而言，在上開措施於締約雙方間就同類情形並未構成專斷或無理的歧視，亦未造成貨品及服務貿易及投資的隱藏性限制之前提下，本協定不禁止締約一方採行或執行必要的措施，保護本國歷史性或具考古價值之文物地理，或支持對締約方具重要價值之創意藝術。

鄭麗君問龍應台，為何文化部沒有就服貿協議主張文化例外，龍應台說，整個服貿協議就是文化例外。鄭麗君火大，罵龍應台無知，龍應台解釋說，服貿協議涉及文化的部分，臺灣對大陸開放的程度，與ＷＴＯ相比，是完全例外的處理。鄭麗君罵龍應台外行。

龍應台的回答並沒錯，後來中共官員公開說，服貿協議讓陸資帶著腳鐐在跳舞，說得很傳神。

陸資被太陽花誇張成了巨大的黑影，光看影子，以為是身高比肩的獒犬，其實只是吉娃娃。反服貿聲浪的壯大，與服貿的真相無關，是族群主義支撐起了太陽花。「投資六百萬全家移民臺灣」、「滿街將是大陸口音」的謠言，建構反中的氛圍，這是去年我在學運現場以及隨後頻頻入校園與學生對談的感受。

有次，我對大學生說，服貿就幾頁紙而已，太陽花的服貿謠言很容易戳破，只要翻翻這本協議，對照一下，答案就出來。大學作為知識殿堂，如果我的說明只是在對照文字、反駁懶人包，太委屈了學生聽眾們的智商，我也很厭煩只是一味澄清。且讓我拋些問題請學生思考：你到底反的是資本？還是特定族群？為何你擔心陸資來開柑仔店，怕大陸人移民臺灣，而不是反抗早已連鎖寡佔的便利商店與麥當勞？別拿「擔心生活方式會被改變」做藉口，你早已接受了被改變的生活方式，你怕的是不一樣的口音。你是族群主義者。

極少數學生反服貿，高舉左翼旗幟反對全球化。我告訴他們，在英國，印巴人的雜貨店、南歐人的CAFE與中國人的外賣餐店反而成為社區意識與人際互動的中堅元素，抵抗了齊一化的麥當勞和超市。真正抵抗自由經濟市場迷思、與全球化迷思的，從來不是關閉國界，更不是族群主義，而是那些用移民為手段來改善自身生活處境的移民。如果你高舉著反全球化革命理論，你怎麼會如同新納粹般地在敵視陸勞？擔心根本不可能來臺的陸勞？甚至操弄陸勞議題以製造恐慌？何況，服貿沒有為陸勞或大陸商務人士開門，因為跨國企業來臺投資，大陸商務人士在陳水扁政府時早已來臺。談反全球化的學生必須面對的課題是：你接不接受，資本流動應該伴隨著跨國界的族群移動？

我諷刺自稱左派的反全球化學生，他們只是憂慮大陸人來臺當我們的老闆，認為陸資來了，臺灣人只能當勞工。為何不看看日系餐飲品牌早已攻佔臺灣街頭，許多臺灣年輕人早已是日本老闆的員工。在國際左翼陣營，例如社會論壇（social forum）的反全球化、反FTA集會，不是以種族主義的角度談勞工，而是強調，資金無國界的情形下，跨國族的勞工命運相互連結。這才是真正的左翼。

面對高喊臺灣主權，堅持國族主義的意識形態者，我則與他們辯論，請他們用同一個標準仔細檢視條文，比起美國的三〇一威嚇、美國稻米進口、臺美TIFA與美國智財權壓迫，ECFA與服貿更成功捍衛臺灣主體性。以前臺灣擋不了美國米進口，臺灣米酒也被逼著要課重稅、漲價，以致於假酒流竄，多人失明。美臺談判，臺灣總是人家要五毛我們給一塊，而ECFA則成功地不讓大陸農產品擴大開放來臺。

國族主義者面對大陸的崛起，原來自傲的臺灣認同受到衝擊，自信受損，害怕陸資；而面對美國、日本，卻數十年甘於自卑、婉轉承歡，熱烈歡迎麥當勞與7-11。

面對大陸，臺灣人心情複雜，因為臺灣的國族認同裡有金錢拜物教與種族主義的綑綁糾結。有次公開座談時，我聽臺商提到對大陸崛起的擔憂。他說，九〇年代在大陸酒家，臺商給個五百臺幣小費，身旁的美女就溫柔依偎；現在一千臺幣，連女孩子的手都摸不到。臺商擔心，陸資來臺，以後是陸商來臺灣酒家消費，臺灣的兒女服務他們。這位臺商憂國憂民，因為他的認同建立在金錢與歧視上，以前在大陸有錢當大爺，是成功的表徵、人生的意義，以及臺灣國族的驕傲。大陸有錢了，臺灣的驕傲沒了。

臺灣社會的族群主義提供了臺灣民主化運動的養分，是政治人物操弄認同政治的沃土，同時認同政治與族群主義也隨著民主運動而茁壯。民主運動在號召群眾反對國民黨的同時，把反對國民黨等同於反對外省籍統治者，把反對統治者等同於反對外省人，再進而衍申為反中國人，然後等同於反對在中國大陸的中國人與中國，也就是反華。在中國大陸的政權與中國人何其無辜，國民黨正是被他們驅離大陸的政權，結果在臺灣的族群政治裡，國民黨在臺灣的作為，包括二二八、白色恐怖，到頭來帳都算在「中國」身上。

臺灣對大陸，從敵視、歧視到疑懼，從國民黨威權時代的「反共愛國」傳承至今成為反華，一以貫之。黨外民主運動把反共轉化成反中，「臺灣人出頭天」的族群主義召喚迄今仍然發酵，只是假想敵從外省人擴大為在大陸的中國人。中國大陸崛起的龐大身軀，其影子橫蓋臺灣上空，讓臺灣人民對兩岸交流猜疑，但也是國民黨權貴爭相朝貢的圖像坐實了基層民眾的擔憂與不滿。

太陽花打了執政的國民黨狠狠一巴掌，國民黨該思考臺灣該如何健康、自信地面對大陸的身影。國民黨在朝時，連戰、吳伯雄訪陸，陸委會發過新聞稿打臉稱其言論「不代表政府立場」，民眾觀感更可想而知。兩岸間的紫金山、國共論壇彰顯的是少數臺灣人的利益而不是讓人驕傲的臺灣風貌，更不是千萬來臺陸客見證的臺灣印象。當二十一世紀的大陸民間關注「愛滋村」、「穹頂之下」等社會現象時，臺灣各方高層在大陸的身影多麼老舊。訪問大陸跟哪個層級的官員會面，不該是優先重點，大陸社會有熱鬧喧嘩的聲音，ＮＧＯ、環保、女權、企業社會責任、紀錄片等，都是活躍的風潮，在大陸高層官員身上未必看得到。

鹿港小鎮的公民論壇熄燈後，一位民進黨的社運前輩走向我，當時他正準備角逐公職選舉，選區不在鹿港，卻遠道而來，座談時他靜靜地隱身群聚中，我沒注意到。他說小孩正在讀大學，關心服貿議題，能否請教我。把小孩叫來介紹認識後，他就走開了，他讓我這位「敵營人士」和他小孩獨處。坐在日茂行的石階上，我和這位大學生又談了二十多分鐘，偶爾抬頭看看他父親遠處等候的身影。我與這位綠營前輩沒有就服貿交換過片語隻字，但這卻是我和反對陣營的朋友們，最深刻的一次溝通。

25

警察打學生，這筆帳如何算？

前行政院長江宜樺前晚到臺大社科院演講，遭大批學生包圍要求他面對四年前下令鎮壓太陽花學運的責任。對此，江宜樺昨在臉書聲明表示，他相信蓄意鬧場的只是少數學生。

陳鈺馥、林良昇、鍾麗華、楊心慧、何玉華，〈江：蓄意鬧場的只是少數學生〉，《自由時報》

二〇一八年十二月二十日

我是臺灣史上因為集遊法被抓到警局的第一人，何其榮幸。街頭運動中，被警察打過，也看過警察被群眾打。被打的落單警察很可憐，不敢讓長官知道，更不會開記者會控訴被打。一次在總統府前，凌晨五點，當社運朋友一掌打落警察的頭盔時，我看到一張驚慌的臉龐，青澀，年紀肯定比我還小，或許二十一、二。

我在學運場合上，街頭衝突常聽到警察罵：「大學生神氣什麼！」大學生這光環，當年在社運場合很好用，只要說你是來聲援的大學生，群眾就歡聲鼓掌。為何有的警察對大學生怨氣深？學運害他們熬夜、憋尿、吹風和淋雨，除此之外，有個原因我花了幾年才慢慢拼湊、理解。

有次借了學長的野狼機車從大度山騎到彰化，車路口紅燈右轉，迎面一位警察。我沒駕照，停車後掏出了學生證。警察看了看：「是大學生喔」，「大學生跟人家玩什麼車，大學生就好好唸書，像我們都要工作。」他就放我走了。看他大我沒幾歲，老氣橫秋的樣子，說的話讓我印象深刻，唸書，對他來說是特權。

後來逐漸認識些警察，他們的家裡，都有個很會唸書的兄弟，從小全家一起下田，爸媽會叫這個會唸書的小孩不用去，好好在家用功。家境比較不好的，在警校領的生活津貼，會寄回家裡，供這位會唸書的手足繳補習費。當警察的警棍往大學生身上打時，心情很複雜，擔心自己的兄弟是不是也在抗議的人群裡；自己攢下的錢，給了兄弟唸書，擔心自家兄弟是不是也像抗議的人群一樣，罵警察，是不是也瞧不起警察？「幹，大學生又怎樣？」難怪我在街頭運動場合會聽到。

我也認識些把握時間用功唸書的警察，可以靜心唸書，對他們而言是難得的特權。在朱立倫市長的市府任職經發局時，面對夜市與攤販，我常常要拜託警察局胡局長。處理夜市違規行為，我態度很硬，同仁勸我要小心，說有的業者背景很複雜。我繞著夜市邊走邊對同仁說：「沒關係啦，你看看後面是誰？分局長親自出馬。」胡局長敬業又捧場，總會命令分局長陪著我，地頭上誰不認識分局長？我這是典型的「狐假虎威」，當然態度強硬，我才不是不怕死。胡局長解決難題的能力強，有次夜市帶頭老大與眾攤販有金錢糾紛，約好了要談判。我只能以公權力威脅，我說，只要流血見報，我馬上撤照，都立即停止營業，不管誰對誰錯，大家都沒飯吃，包括我在內。如果爆發衝突，以朱市府的標準，我當然沒臉留下來。但胡局長的手法才高明，他舉重若輕，防患於未然，派刑事警官到談判現場。果然什麼事也都沒發生。就是胡局長跟我聊到他年輕時的事，初任警職，他主動申請到東部偏鄉，為的是有比較多時間唸書，準備考試。很多警察，年輕時都是如此，邊工作邊唸書。

這種人生經驗，與我同齡的，特別是國立大學的多數學生很難體會。

我對個別的警察成長歷程，稍有瞭解，源自在陸委會工作。陸委會的主管們，談判場上表現出色的，多是女將；男性主管有的嫻熟國際貿易事務，也有頗具行政長才。某些男性同仁的一項長處，就是和我比賽搭訕。行政院中央聯合辦公大樓有駐警，女警不少，我們比賽誰可以要到最多電話。雖然我總是輸，但因此與一位女警同仁熟了起來。她人像珊瑚一樣美，非常高眺。還好不是我女朋友，否則接吻我還得搬凳子站上去。謝謝她夜間巡邏時還曾到我辦公室探視。我對她的工作內容好奇，她喜歡需要複雜腦袋的工作。問她值勤時想些什麼，她說就放空。後來她調到立法院，我匆匆經過時，曾看她穿著制服坐在臺階很傷心地講手機，不知是與男友講話還是擔心老家的親人。太陽花學運時，她不是在立院就是在政院。我當時在政院中部辦公室上班，謝謝聯晚國樑兄的報導，讀者才知道我跑去太陽花學運現場席地與大學生談，辯護服貿。其實我是要去看看警花，擔心她是否在衝突中受傷，繞了幾趟，沒找到人，累了，坐在地上休息，順勢跟學生解釋什麼是服貿，什麼是ECFA。這議題，我曾參與，親自說明當然有說服力。後來在網路上留言向我挑釁的人不少，我都邀約見面辯論，可惜願意赴約的沒有。太陽花時，以及之後，我幾次應邀到校園辯論服貿，我只是想說，在政府工作的不是壞人。有東海學生在會後眼眶含淚找我講話，我知道至少我說服了一位學生。

太陽花期間發生三月二十三日深夜佔領行政院事件，警察驅離學生流血。楊偉中在三月二十五日上午批評馬英九政府處理學運的作法將導致國民黨與一整個青年世代對立。那幾年，因為同在政府工作，我與他常交換意見，可以理解他的心情。我們有類似的經歷，因為學運，大學都不曾唸完，很長一段時間，最高學歷就是高中畢業。這個共同點還是朱立倫市長提到，我才想起的，有次在電話中問到我的學歷，朱說，吔，楊偉中不也一樣？

楊在中南部有年輕團隊，這些青年與社運、學運有淵源。與他共事的年輕人們為「暴力驅逐」、「流血驅逐」憤慨，類似的聲音也往我身上壓。紅衫軍反扁時，民進黨地方政府曲解法律，限制紅衫軍的集會遊行，如此違反民主法治的行徑，不知當時在民進黨政府任職的學運世代朋友們，是否也被新一代的學運青年批判？不知他們如何承擔罵名？三二四事件，倒是壓得我很沈重。

街頭的本質就是衝突，但街頭有街頭的遊戲規則，不管贊同與否，必須面對一個既存事實，這規則就是法治。

上街頭就會幹架，不管是群眾或警察都用了武力，抬人、打人是武力，破壞也是武力，用武力就要自己對後果負責，這就是街頭運動要面對的法治。警察落單，你打了，沒人知道，那就沒事，若被錄影蒐證了，就面對法律的後果；警察亦然。徒手抬人是合法的武力，但有的警察會偷打人，錄影錄不到，他就沒事；公權力或武力若逾越了合理性原則，被抓到了，得負行政或刑事責任。敢作敢當，這就是規則，沒有人可以豁免。

街頭運動，社運朋友身上帶傷並不少見，要追究三二四的各方責任，馬政府落幕民進黨全面執政後，握有行政權，掌控立法院，也任命了監委，大可依法調查。有立法委員提出《三二四行政院暴力驅離事件調查特別委員會條例草案》，草案賦予國會調查權，得以傳喚相關當事人到立法院做證、要求調閱各單位資料，可以細細調查、檢視警方的責任。但草案躺在立法院四年，幾無動靜。有案不結，想留著當政治提款機？

三二四是一個運動中的一個事件，談運動，就該有運動的高度，談整個太陽花運動所展現的族群主義，為何與美國茶黨如此相似？三二四事件，是事件，不是運動。學生高喊國家暴力，這樣說也沒錯，罪名很聳動，其實就是治理失序。李登輝總統執政時，面對學運，第一線抬人驅離的警察一定徒手，身上沒警棍，也沒拿盾牌，再怎麼疲憊、帶著怨氣的警察也很難造成流血；如果警察因為徒手而被打，那在宣傳上正好弱化了街頭運動的正當性，這是李前總統治理的高明處。一個驅離行動，造成流血，是馬政府沒經驗？治理能力太弱？沒想到警察也是人、也會有情緒？還是現場的指揮警官沒政治判斷的能力？

二十一世紀的臺灣大學生，腦筋最古里古怪，創意特奇的，不是搞學運，是跨性別、跨域、盡情慾望橫流的書寫與展現，用個人肉身或經驗，對抗全球化。他們連文青風都撇頭不理會了。現在帶領學運者，浸淫在臺獨情緒中、見銅像就潑漆的，相對就少了解構體制的創意。一九八〇年代臺電推核電時，到校園辦講座，那時我與同學發動抗議，是推兩個帥哥，在講臺前無聲地演出行動劇，臺上的老師們愕然，不知該否阻止，他們遲疑著，行動劇就演完了，我們的訊息清楚傳達給觀眾，妨礙了一下講者與聽眾的權益。一九九九年建築學者與藝術家在我家鄉鹿港辦裝置藝術，父老們極為不滿，故鄉有大事，我總是第一個公開用行動抗爭，但我沒破壞藝術品，我象徵性地把圍住藝術品的繩子剪掉，剪掉藝術租界，頗有新聞效果，明確地為小鎮注入一股聲音，激勵了原本猶豫是否該公開反對的父老與年輕人。學者們為此事在臺北辦座談會，座談會開始沒多久，我入場，走到講臺前與幾位講者一一握手，他們不得不暫停，與我握手，然後我另一隻手就把他們放下的麥克風都拿起來，開始講我的觀點。這是一個人面對一群人時的抗爭方法。

太陽花前後，青年學生的騷動反而少了些創意與意義，就只看到對撞。或許他們不在乎，因為他們連與主流政黨的關係也不遮掩，也不掩飾將會加入主流政黨參與選舉。我的同儕參與學運者，年輕時刻意切割與黨外的關係，對民進黨的批判是學運圈中的共識；後來有些人逐漸加入民進黨，會私下告解一下，解釋一下為何加入以前批判過的黨。我總是說，加入民進黨很好啊，投入政治不同於社運，就是要擁有權力，那就得投入主流政黨。沒有一個政黨是聖女貞德般純潔，也沒有哪個政黨是十惡不赦，政黨只是載具，不是拿來效忠的，處於不同政黨的人，可以在共同的路線上合謀，看有沒機會偷渡一些自己小時的理想。現在學運與政治的關係，看來沒那麼複雜與迂迴了，或許現在學運就是主流政治的前身，如此而已。

當今學運實在不精彩，年輕人演老套。

一九八九年五月四日，臺大學生會羅文嘉會長與數十名學生表演行動劇《圖騰與禁忌》，將寫著「民族救星」、「世界偉人」的高帽，放上蔣中正總統銅像頭頂。三十年後，有臺大學生到政大鋸掉蔣氏銅像的馬腳，近年每逢二二八紀念日，鋸像、潑漆等戲碼重複上場。同樣宣稱挑戰威權，三十年前的行動叛逆有創意；三十年後仍然糾纏著銅像不放，只是媚俗。

媚俗，不只因為鋸像者拾人牙慧，而是「去蔣」早是進行式，今日還有誰真把蔣介石當作世界偉人？鋸像者迎合臺灣社會當下的某種政治正確，沒創意，也不勇敢鮮猛。一九八三年時臺大大論社學生劉一德等人跑到前高雄要塞司令彭孟緝的官舍噴漆，噴完後得躲起來；現在噴漆、鋸像者，行動完可以公開露臉開記者會，不會有人身安全顧慮，還受到國家機器的禮遇。法界人士便指出，二〇一九年鋸像行動前一個月，資深藝人鄭惠中打文化部鄭麗君部長巴掌，涉嫌犯普通傷害罪，屬告訴乃論，鄭部長沒提告，北檢第二天下午卻要求鄭惠中到案說明，偵訊後限制住居；而臺大學生鋸斷銅像馬腳，涉嫌毀損公物，非告訴乃論罪，四天了，沒被偵訊也沒被限制居住。在安全的政治環境下進行「反抗」，他們的論述如同行動本身，一般無聊乏味，難怪記者會現場有記者打呵欠。

這社會的許多大人們也同樣無趣。好些戒嚴時代在中時報系等媒體工作過的資深新聞人，今日口誅的統媒，是昔日領薪水的地方；當初他們有筆有嘴，面對所謂黨國體制不公開吭聲，現在寫文章、當名嘴談愛臺灣、喊臺獨、罵國民黨，衝殺特別大聲，也不反省當年是如何與黨國體制裡的政治人物呼盧喝雉，沆瀣一氣。

臺灣解嚴已三十多年，誰還理會蔣介石？反國民黨差堪比擬打落水狗，算不上是英勇的鬥爭。若不是學生鋸掉馬腳，誰知道政大校園還存有蔣的銅像？一個多數學生天天視而不見、看了沒有感覺的銅像。政治人物最悲慘的待遇是被漠視，而不是被批判，蔣介石地下有知，當感激鋸馬腳的學生讓他的名字重現臺灣媒體。

辯證地來看，鋸像者與他們眼中的銅像，兩者看似對立其實本質一致：都訴諸「正史」，認為歷史的書寫要定於一尊。這正是此類喊著轉型正義者最大的罩門，他們訴求的正義，臺灣社會非接受不可；他們的正義標準，就該是臺灣的政治標準，而且必須政府明令背書。所以他們要政府介入轉型正義，要求公部門介入政治空間，這種排斥異己且訴諸公權力的意識形態，與他們反對的威權頗接近。

以中正紀念堂的轉型正義討論為例，這個空間，早就轉型了，已經被市民日常的蹓狗、散步解構了「紀念堂」的意義。後來在這裡發生的野百合學運、六四紀念晚會更顛覆了這個空間原始設計裡的封建元素，遑論它現在是陸客的熱門景點，大陸人哪是來瞻仰民族的救星，而是瞧瞧蔣逆匪幫。重新回復紀念堂威權意義的，反而是目前參與討論中正紀念堂轉型的一些聲音：改為臺灣忠烈祠、撤儀隊、蔣中正Q版公仔下架。這些點子真貧乏。中正紀念堂若乾脆委外給三井Outlet Park來經營，或開放給建築系學生競圖，比起政府在那裡辦些人權展，一定會更繽紛多元。

與政治相關的空間討論如此單調乏味，臺灣的通例，二二八紀念碑與白色恐怖紀念碑就很糟糕。紀念碑為何不能留白，硬是要加上碑文？結果二二八紀念碑不敢提受難者中有統派、左派，白色恐怖紀念碑對於受難者的社會主義訴求遮遮掩掩，這些碑文，這類綠色史觀，不是轉型正義，是遮蓋歷史。臺灣社會如今對待二二八，與這些紀念碑沒兩樣，到頭來，二二八時臺灣菁英們的內鬥、相互報復、乃至某些人的魚肉鄉民，在二二八的主流論述裡都不見了。臺灣先賢們的醜事當然不可以寫入史書，高舉臺灣魂的建國論述絕對要強調貪腐、殘虐都是中國人的專利，臺灣人盡是聖賢。

期待政府介入歷史的書寫，用公權力來詮釋歷史，這是走回尊崇國家機器的老路。高喊轉型正義的某些人，和以前的黨國教育一樣，心中永遠有一本歷史教科書，他們無法理解，百家爭鳴的歷史其實不應該有教科書。也難怪見銅像就潑漆的，行動上少了解構體制的創意。

自我反省，我也退步了，以當年的標準來看，我對警察的觀察是小資產階級的溫情主義包袱；當年學運的某些伙伴，也退步了，從他們悼念楊偉中驟逝的文字就可以看出來。他們藉著懷念楊偉中，來澄清自己的政治立場；肯定楊偉中，是因為楊「最後終於又與大家同一個陣營了」。呃？我們小時候講的陣營是用藍綠來分的嗎？是用統獨來分的嗎？統獨不是意識形態，左右才是意識形態，連統獨都不夠格稱做意識形態了，何況藍綠？

至於警花，當年她把電話寫在她名片上。這張名片，一定還在我書房裡的某個抽屜深處，用心找，一定找得到。

後記

中共不會，臺灣不敢，美國偶爾挑釁兩岸*

這本書的內容涉及了政壇前輩、昔日同仁，從書寫到付梓，我並沒有提供書稿請他們檢視、表示意見。這個決定，讓我的寫作少了補遺修漏的機會，也因此，書中所述，純屬個人見解，與他人無涉。

初稿甫成時，輿論正熱切談論「ECFA十年大限」，兩岸都有智庫學者主張，ECFA簽了快十年，ECFA的後續協議中，《服貿協議》未生效，《貨貿協議》與

*本段文字參考了張競教授整理的歷年大陸政府工作報告涉臺文字，以及任職於國安系統文官的解析。五月二十八日中國大陸國務院的政府工作報告定稿，「九二共識」、「和平發展」等字眼又都放進了。

《爭端解決協議》未完成協商，十年一到，也就是二〇二〇年六月，依WTO的規定ECFA自動廢止。

十年魔咒再度如蛆附骨，糾纏ECFA。ECFA還沒簽時，反對者便表示依照WTO規定，若簽ECFA，十年內臺灣就得對大陸貨品全面開放市場。十年了，反對者的預言並沒發生，現在ECFA又面對另一個十年迷思。

十年間，民進黨對ECFA的態度大轉變。二〇一〇年三月，時任民進黨主席蔡英文公開抨擊「ECFA是糖衣毒藥，喪權辱國的不對稱條約。」十年後的二〇二〇年，蔡英文總統轄下的陸委會主委公開呼籲中國大陸不要停掉ECFA，並聲明強調：「ECFA是兩岸在互惠互利原則下簽署的經濟合作架構協議……實施以來對雙方均有利，希望持續落實。」陸委會在國安會報中預判，擔心中共可能以停止ECFA窒息臺灣經濟。

評估ECFA的未來命運，必須先釐清，ECFA沒有所謂十年大限的問題。學者說依照WTO規定，十年一到ECFA自動失效，這是誤解。

ECFA的終止首先要看ECFA的條文如何寫，再參考WTO的規定。ECFA的序文裡白紙黑字寫著：「本著世界貿易組織（WTO）基本原則，考量雙方的經濟條件。」我在本書裡曾援引了賴幸媛對ECFA的定位：「小而必要的經濟協議，而不是大而全面開放的自由貿易協定」，指出「考量雙方經濟條件」這句話是守護臺灣的安全閥，臺灣市場不需要對大陸全面開放。至於ECFA序文裡的「本著世界貿易組織（ＷＴＯ）基本原則」，意思是「考量雙方經濟條件」的前提下，盡量按照ＷＴＯ的原則，但不完全照著ＷＴＯ的規範。兩岸藉著這句話向世界展現推動自由化的意願，雖然兩岸關係特殊，ECFA不是國際協議，但大陸與臺灣的協商，不會嚴重背離ＷＴＯ原則。因此關於ECFA的存廢，就看其條文如何寫，ECFA裡並沒有隻字片語十年大限的規定，而學者們主張的ＷＴＯ十年大限規定，只能供參考，無法約束ECFA。何況所謂十年大限的說法，來自於關稅暨貿易總協定二十四條，以及ＷＴＯ對此條款的解釋文，「十年」是對簽署自由貿易協定國家談判期程的期待，不是硬性的規定。不管是ECFA條文本身，還是ＷＴＯ，都不存在十年大限的規定。

因此若要終止ECFA，中國大陸必須依照ECFA第十六條的終止規定，書面通知臺灣，並啟動協商，必須在海基會、海協會搭建的制度化協商架構下，雙方政府官員面對面正式協商。制度化協商的基礎是九二共識，當下蔡英文政府不承認九二共識，所有制度化協商停擺中，如何啟動ECFA的終止協商，將是中國大陸的難題。要終止ECFA，片面毀約是個可能的作法，但中國大陸若毀約ECFA，根據ECFA第五條規定而簽署的《海峽兩岸投資保障和促進協議》還算不算數？兩岸已簽署的其他二十二項協議效力如何？是否直航協議，中國大陸也可以片面終止，真正斷了臺灣命脈？兩岸協議可以任意毀約，中國大陸又該如何面對與其他國家簽署的經濟協議，這涉及國際政治信用。

臺灣不值得中國大陸如此大張旗鼓，中國大陸對兩岸關係未來，最在乎的是糾葛其中的美國因素，只要臺灣守住底線，在兩大強權之間左右逢迎，不讓自己真的當成了美國兵卒，對臺灣議題從容而自信的大陸政權，不會廢止ECFA。萬一中共出招毀約，絕對是衝著美國在亞太區域的勢力部署，而不是只為了兩岸關係而大動干戈，單單臺灣，對中共還沒那麼重要，美國如果要弄臺灣，藉以挑戰中共核心利益，中共才可能出手。

我主張ECFA不存在十年大限，在報紙專欄發表後，民進黨與國民黨都有朋友說，文章表面上罵民進黨「當年糖衣毒藥，現在舔著不放」，其實幫民進黨解了套，壓制了大陸智庫與臺灣深藍「ECFA十年自動失效」的聲音，比民進黨自己出面解釋還有效，讓深藍無法在輿論上打恐嚇牌。

該篇文章其實是我一貫主張的一部份，現在局勢，「中共不會，臺灣不敢，美國偶爾拿著臺灣挑釁一下兩岸關係」，這個美中臺各自謹守分寸，不跨越紅線的格局不變。臺灣輿論頗有聲音認為在美中貿易戰的國際背景下，臺灣將是中國大陸與美國對決的戰場，亞太地區將有翻天覆地的變化，我的論點與眾人不同。

蔡英文總統連任就職演說沒有隻字片語涉及九二共識或九二會談，隔兩天大陸國務院總理李克強在人大的政府工作報告，涉及兩岸的部分，沒有提到九二共識，也不見「和平」兩字，臺灣媒體與學界某些前輩擔憂局勢將變。

的確，李克強沒說什麼，比說了什麼，還值得討論。自一九八三年以來，大陸的政府工作報告涉臺段落都會有「和平」二字，不論是「和平統一」或是「和平發展」。二〇二〇年這次的報告初稿，首度沒有「和平」。九二共識則於二〇〇九年首度出現在政府工作報告裡，二〇一四年起每年都會提到堅持或維護九二共識，這次工作報告初稿裡，九二共識缺席了。

不提九二共識，不代表擱置或放棄，而是民進黨不承認九二，國民黨內也有聲音認為九二共識過時，國民黨的兩岸新論述，九二共識可能就輕輕帶過。臺灣朝野若都不提九二，大陸卻提了，是宣示原則不變？還是熱臉貼冷屁股？對大陸而言，九二共識代表中共對臺灣的善意，臺灣保有單方面詮釋「一個中國」的空間，臺灣各界得以據以主張中華民國存在的事實。此一善意若臺灣拒絕，大陸的政府工作報告初稿裡沒提九二共識，這動作或許暗示他們可隨時收回善意。

初稿裡大陸不提和平只提統一，不代表暗示動武，這整段文字，句句相連，字字相關，必須整體檢視。李克強的工作報告裡也講了「深化兩岸融合發展」，「融合發展」是大陸國家主席習近平的語言，不像九二共識或一國兩制這些上一代的語言，融合發展是習近平自己的兩岸路線圖，指出兩岸關係的未來繫於大陸發展的程度，關鍵在於兩岸心靈契合。對臺用武就不可能心靈契合，唯有兩岸和平才可能心靈契合。

我認為「中共不會」，中共不會動武，也不會有震懾亞太的大規模武嚇行為。而「臺灣不敢」，指的是蔡英文政府謹小慎微，其大陸政策提不出兩岸政府對政府協商的路徑圖，臺灣不敢臺獨，也不敢逾越美中劃下的紅線。

二〇一六年的就職演說，蔡英文將兩岸關係的主張擺在「區域的和平穩定發展及兩岸關係」一章，不是放在「外交與全球性議題」的章節裡，呈現民進黨政府的定調：兩岸關係不是國與國的外交關係，但兩岸關係不只是兩岸間的事，關乎亞太區域情勢。蔡英文幽微地把國際因素扯入兩岸關係。

此次連任的就職演說，國際關係與兩岸關係的論述，仍是個別獨立的兩段，但一起擺在「國家安全」這一章裡。這處理手法，延續四年前的謹小慎微，不迎合鷹派臺獨的兩國論主張，但凸顯了兩岸和平是國家安全的關鍵環節，指涉中國大陸威脅臺灣的安全。

如此重要的演說，只從國安角度談兩岸關係，無視文化與經濟交流是兩岸關係的重點，臺灣經濟深度依賴大陸，這才是兩岸關係的本質。如何恢復兩岸制度化協商，解決兩岸民間頻繁互動所產生的問題，進而振興旅遊產業等臺灣內需市場，維繫臺灣製造業在世界產業鏈的關鍵位置，蔡總統的演說完全忽略。

兩岸經貿交白卷，因為民進黨無力回應九二共識。有九二共識，兩岸才能恢復制度化協商，才能建立兩岸官員對官員的平臺。四年前的就職演說，蔡總統講稿提出「尊重一九九二年兩岸兩歷史事實」的說法，期待中共將其理解為這就是「沒有九二共識四個字的九二共識」，但中共不接受。中共清楚表態，若不講九二共識，就要清楚陳述其核心意涵，也就是一個中國，民進黨當然不可能接受這要求。

因此蔡政府首任四年間，兩岸持續「冷而不戰」，兩邊政府各守底線，沒有相互靠攏，在此脈絡下，連任就職演說，九二議題當然連提都不用提了。唯一重點，就是重複四年前演說中提過的「會依據中華民國憲法、兩岸條例處理兩岸事務」。四年前如此申明，蔡政府期待大陸能將之詮釋為「一中原則」的變形版，但大陸不接受。中國大陸對民進黨設下高門檻，大陸容忍國民黨單方面講九二共識時，可以不提一中原則，但堅持民進黨面對這議題，「一中原則」必須清楚講出。在這脈絡下，蔡總統二〇二〇年重複二〇一六年的老話，只剩下一個意義：民進黨政府會謹守兩岸關係條例，依法將兩岸定位為一個中華民國下的臺灣地區與大陸地區。

就職演說不談九二共識，只談兩岸關係條例老調，是過去四年兩岸冷而不戰的結果。蔡英文當選總統後，斷邦交國、斷陸客、斷陸生，大陸連串動作，此時看來並不是強迫民進黨退讓底線的邊緣戰略（Brinkmanship）。邊緣戰略是藉著一系列的危險動作，讓對手無法預期下一步，深感威脅，形勢到達衝突的邊緣，逼對手屈服。檢視過去四年的行動，大陸顯然沒有步步進逼強迫民進黨退讓，連串制裁措施，是比例性的懲處（Proportional attack），目的是控管，讓民進黨政府不要跨越美、中、臺既定格局的框架，呈現大陸面對兩岸議題的從容與自信。大陸的控管有效，所以蔡總統連任就職前，民進黨先撤回兩岸關係條例與憲法增修條文的修正案，不敢刪掉「國家統一前」幾個字，然後藉著就職演說重彈老調。

就職演說與兩岸有關的新亮點，沒有放在兩岸關係那一段，而是在別的章節裡提出「立法院成立修憲委員會」。修憲，當然可能把「國家統一前」的字眼修掉，不過國民黨主席江啟臣的評論一下子就戳破蔡英文的虛張聲勢。江啟臣說：「成立修憲委員會是立法院的權責，修憲不需總統下指令。」意思是，你想怎麼修，有種就大膽說出來。此次修憲委員會的說法，類似陳水扁總統連任演說的「籌組憲政改造委員會」，陳水扁後來雷聲大雨點小，民進黨當過一次放羊的孩子，此次舊技重演，唬弄、恫嚇大陸的效用就大減了。

修憲委員會可以讓民進黨在日後時常掛在嘴邊，其作用略似大陸的《反分裂國家法》第八條，針對臺獨或外國勢力的介入「得採取非和平方式及其他必要措施，捍衛國家主權和領土完整」，也就是大陸保留對臺用武的可能。儘管反分裂法通過時，大陸國務院總理溫家寶強調反分裂法不是戰爭法，也不是針對臺灣人民，但反分裂法正是兩岸賽局裡的BATNA（best alternative to a negotiated agreement），所謂的「衝突方案」，當協商不成，打算掀桌時的行動方案。蔡政府修憲委員會有潛力走上法理臺獨的路徑，如果臺獨是蔡政府的目標，修憲委員會可以是臺灣的衝突方案、掀桌方案。

掀桌方案不需與對手商量，單方面硬幹就可以，但當掀桌方案可以獲得的期望值小於談判的期望值時，不會掀桌，會留在談判桌。不管是要掀桌還是坐上談判桌，衝突的實力越強，談判的地位就越好。如何強化自己的掀桌實力，弱化對方的掀桌實力，是兩岸賽局裡的首要課題。不管是臺灣或大陸，掀桌實力裡都有美國因素。大陸若要武統，實力仍不足以對抗美國；臺灣若要臺獨，經濟會被大陸斷根，軍事要靠美國。因此「中共不會」的同時，「臺灣不敢」，世界不會有驚天動地的變化。

覺得中美即將在臺灣衝突的專家們，也著眼於美國國務卿電賀蔡總統，並在她就職日宣布金額一億八千萬美元的軍售，然後大陸國防部、外交部與國臺辦接連以機關名義發表聲明，批評外部勢力介入兩岸關係。在中美貿易戰與疫情戰持續擴大爭議的當下，美中都針對臺灣議題添柴火，當然值得警戒，但中美雙方其實仍謹守分寸。

只要是軍售臺灣，不管兜售者是法國還是美國，大陸國防部與外交部都會表態，慣例如此，此次大陸罵美國，不是拉高衝突，而是按著舊有規矩做事。蔡英文總統的就職演說，大陸回應的層級是國臺辦的發言人；美國對臺的舉動，大陸回應的層級是三個機關一起行動，正證實了：兩岸關係棋局裡，中共最在乎的是美國，不是臺灣。臺灣人習慣以為臺灣是世界的中心，中共分秒不歇日日處心積慮奪臺，事實上臺灣沒那麼重要。真相總是令人難堪，真相讓臺灣人玻璃心碎滿地。

蔡英文總統的就職演說後，國臺辦發言人的評論，加上李克強的工作報告，說明了大陸在兩岸關係上，對其經濟優勢持續維持從容自信，認為蔡英文的演說是大陸有效控管下的結果。「中共不會」，「臺灣不敢」，中美就不會衝突於臺灣。

蔡總統贏得連任後，民進黨中常會邀請戰略專家進行專題報告，該位專家認為臺海三個月到三年內可能開戰，我不贊同。

認為中美即將決戰的臺灣輿論，也用他們所主張的同樣一套邏輯，斷定中美即將衝突於香港，而且世界各國被迫選邊站。到底決戰點是在香港或臺灣？臺灣媒體不該三心兩意，就挑一個吧。美中衝突的戰場是世界市場，俄羅斯，日本，南美，非洲都是重點。地球很大，臺灣與香港不是世界的中心，沒那麼重要。

認為中美將決戰於香港者，關切「港版國安法」事件。中共鑽香港基本法的隙縫，由全國人民代表大會主動幫香港立法，決戰論者認為一國兩制的末日降臨香港。然後美國總統川普嗆聲將撤銷給予香港的特殊待遇，不再視為獨立關稅領域，似乎兩大強權要硬碰硬。但川普的恫嚇缺少實質內容，損害不大只具有象徵意義的，說得很具體；可能會損害實質關係的，川普就說得含糊。

美國可以制裁香港的牌，最大項目是香港對美貿易，占香港總出口約四分之一，然而香港銷美的主項是中國大陸貨品，中國貨先到香港再輸出到美國的轉口貿易，佔了九成，香港本地貨物銷美，只有一成。要掐住香港，得掐住中國大陸貨品，但從二〇一八至今的中美貿易戰，川普早就出手設下關卡對付中國貨。美國可以打的牌早就打了，剩下可以對付香港的牌不多，川普難講出太多具體的經濟制裁措施。

真的要打擊香港，川普可有兩個做法，一是真的實踐「不把香港當作獨立關稅領域」，那川普就應該透過ＷＴＯ，讓世界各國跟隨。但川普的逆全球化政策，與ＷＴＯ愈走愈遠，不可能回過頭去。第二，進一步制裁中國大陸貨品貿易，但川普連提都沒提。

面對臺海形勢，美國也是說多做少。川普任內美國國會通過了幾項友臺法案，然而效力如同臺灣立法院的臨時提案，行政機關要不要理睬，是另一回事。以幾項實質關係作為檢視指標，例如臺灣想參與世界衛生大會，美國拒絕提案支持，更明顯昭示了美國國會的友臺作為，是沒有實益的嘴上說說（lip service）。香港因為港版國安法而動盪，川普貌似怒髮衝冠，卻只有嘴砲沒有火砲。

美國沒有挑臺灣或香港為中美的決戰點，臺港是美國拿來逗弄、挑釁中國大陸的草蜢仔。臺諺說「草蜢仔弄雞公」，臺灣與香港面對中國大陸這隻雞公，連草蜢仔都算不上，草蜢仔不知死活，但有自由意志，臺港則面對美國身不由己。因為港臺議題，列在中國大陸核心利益的主權與領土項下，所以美國拿著港臺議題戳一下，中共就得回應。臺港讓美國拿來耍時，草蜢仔的死活不是美國的首要關切。

美國對中國大陸態度，本就如此，不因蔡英文總統連任就職演講而特別緊張，也不因港版國安法而要全面開戰。

至於中共方面，也沒特意拿著臺灣或香港挑戰美國。香港國安法議題已糾纏二十年，非二〇二〇年才發生，是中共早就想做的事，重點是如何做，以及何時出手。藉著二〇二〇年的全國人民代表大會，面臨香港立法會改選將屆，反送中運動隨時將再起，北京出手。如同臺灣解嚴、開放兩岸交流時，國民黨政府不顧民進黨的反對，推動國安法，因應新局勢可能面臨的安全挑戰；也如同蔡英文政府推動的國安五法，儘管背負著復辟部分動員戡亂體制的罵名，還是高舉「防禦性民主」的旗號強行通過。港版國安法，就像臺灣的國安法律，是北京當局治理香港的法制部署，臺灣媒體認為是中共推動一國一制的戰略產物，抬捧了港版國安法的重要性，這是治理議題，是對內與對外的衝突控管，不是製造衝突，控管是為了讓一國兩制中的香港資本主義體制與大陸官僚資本主義體制接合，北京破壞港人高度自治原則，是為地產集團與中國官僚資本穩定社會秩序。英國華界擁護港版國安法的連署書就可以看出徵兆，領銜的是控制經濟、剝削華工的唐人街勢力。

港版國安法不是聰明的作法。哈佛法學博士黃維幸教授便指出：「促成香港特區履行國安立法責任的問題政治解決是上策，司法解決雖不習慣仍不失是為中策，由中央越俎代庖則是為下策。由人大略過特區立法審議這種做法，政策上說是不智，法律上說是不通，情感上說則為不堪。」顯然中共出手推動港版國安法並不在意世界各國對其觀感，這是統治層次的問題而不是國際戰略的一部份。

中美衝突的格局早就存在，與臺灣或香港無關，中國大陸的一帶一路與美國的逆全球化才是衝突的肇因。中國為世界第一大出口國、第二大進口國，如何在全球化潮流中擴張市場，是現實問題也是歷史考古題。明朝打倭寇、清朝時英國軍艦砲轟臺灣，到第二次世界大戰，都源於貿易擴張，後來人類才以GATT和WTO來遏止戰爭。一帶一路就是在WTO架構下，經濟區域整合潮流中，中共面對世界的佈局，藉著投資他國的基礎建設與產業，厚植國際關係，深化經濟連帶，邊拉攏邊做生意。一帶一路作為延續胡錦濤與溫家寶時代的「和平崛起」概念，中國發展與經濟全球化相關聯而不是相脫離；在積極參與經濟全球化的同時，走獨立自主的發展道路。所謂獨立自主，是中國堅持其統治體制，拒絕被西方「和平演變」，因此面對西方以資產階級金權政治下的人權概念批判中共時，中國大陸外交部的回應振振有詞、毫不心虛，有其意識形態上的信仰與堅持。

面對中國在世界格局上的競爭，川普政權與歐巴馬政府最大的不同，採取逆全球化措施：退出《跨太平洋夥伴關係協定》（TPP）、設置貿易障礙、推動製造業重返美國。如此施政目的在強化經濟做為武力的後盾，增加掀桌的實力，以及鞏固其支持度。做為美國沉默白人的代言人，川普持續在性別、種族、移民、外交上挑戰政治正確，他的語言讓支持者大喊爽快，經濟上也必須回饋關鍵選區，推動製造業投資美國，以及設關卡阻擋外國貨，還有軍售臺灣滿足特定參眾議員選區的產業，正說明了外交的關鍵在經貿，外交是內部政治的延伸。

不要被川普張牙舞爪的面貌與言語粗暴的推特欺矇了，常常川普口頭上講的是一套，其國務卿做的是另一套。用推特炒作外交議題，罵罵中國，是川普多手策略的一環。川普罵中國大陸的同時，美國職業外交官也向中國說，那只是推特，寫給美國選民看的，不等同國務院的正式聲明。推特此類社群媒體的出現，讓掌權者多了一個言語騰挪的空間與縱深。這個特點，賴幸媛執掌陸委會時就運用過，我書中已提及，當與國臺辦吵得太過份時，陸委會就降低回應的發言層級，表示希望降溫，書中沒提的是，有些對大陸相當強硬的話，陸委會會放在主委臉書上，一方面，這是主委的表態，大陸必須正視，同時也可以推託說，臉書不算是機關的正式文書。

中國大陸深刻參與全球化，與川普的逆全球化必然衝突，川普的推特外交，是美國應戰中國的巧門，偶爾戲弄一下對手，就逼得中國大陸不得不處理，推特玩得淋漓盡致，川普的確是高手，推特語言得以轉為外交資本，美國就多了籌碼，掣肘中共之餘，也可以滿足國內政治需求。相較之下，中國大陸還是得務實地在世界各地打造基礎建設，才能廣結善緣。美國拿臺灣或香港挑釁中國大陸，推特政治是其中一個脈絡。

中國大陸有許多聲音認為中共面對美國總是居下風，對美太軟弱，退讓太多。這類批評忽略了中共外交部已定調美國推特外交虛張聲勢的本質，認為美國終究只是口砲，不敢以火砲決戰中國大陸。不過紙老虎在世人面前看來，仍是老虎，紙老虎可以一直恫嚇對手，表示虛虛實實，捉摸不定，讓對手不敢輕舉妄動。虛虛實實的手法，中共外交也常用，例如「和平崛起」與「核心利益」，其定義有清楚明確之處，其範圍也有刻意模糊的地方，刻意讓西方戒慎恐懼，但要成為國際霸權，前提是拿下國際共識的主導權，美國的推特外交、口砲外交，訴諸於全世界網民，在這方面表現就比中國大陸的虛虛實實好，畢竟西方價值成為普世流行的價值，讓川普可以拿這些價值罵中國，這是把文化資本轉化為政治資本的作為，就是所謂的軟實力。而面對美國，中國大陸就是苦幹實幹，累積硬實力，然後被西方指責為銳實力，這是中共不積極爭奪普世價值這塊戰場的後果。

也因此，同樣是國安法，在臺灣被理解為「防禦性民主」，在香港，就是侵犯港人自治的威權措施。美國可以偶爾拿著臺灣或香港，對中共戳一下，是中共咎由自取，也讓港臺民心與美國近，與大陸遠。

美中對決香港或臺灣？不可能，中共走既定的步調，而美國只是對中共玩戳戳樂。兩岸局勢，二〇一〇年的五二〇之後沒有大變化，大陸在意的是美國，美國拿臺灣耍，基本格局仍是「中共不會，臺灣不敢，美國偶爾挑釁兩岸關係」，臺灣平安。

謝謝為我寫推薦語的前輩、專家，他們多次審閱，解讀了我文字裡欲言又止的地方，也指出了我歷練不足之處。推薦並不代表他們同意我的立場。

謝謝「秀威資訊」宋政坤總經理再次支持，以及伊庭主編、懷君編輯的指正。二〇一八年「秀威」出版了我著作的《低端的真相——街頭律師眼中的東倫敦華人移工》，列榜中研院「研之有物」、「故事：寫給所有人的歷史」、「說書Speaking of Books」二〇一八年聯合推薦書單。宋總經理致力深耕臺灣人文軟實力，希望這次的書稿沒讓他失望。

寫這本書時，女兒出生，從呱呱啼哭到蹣跚走路，也適逢我接迎父親施叔榮校長與母親吳阿葉老師同住奉養，三代同堂，希望他們長久安康。我的太太與三弟施富盛教授，協助我平順地邁入這個人生新階段，這本書是這陣子生活中的一個小註記。

二〇一二年離職陸委會後，我與賴幸媛主委偶爾聯繫。二〇一八年底，我和三弟陪父親帶著因為慢性病而受苦的母親，胸腔科、胃科、腎科，從一個門診換到另個門診，每個醫師都有其專業上的堅持。不忍心老人家如此耗著，我乾脆開車載著往臺中榮總急診室跑，期待藉著急診，有機會住院，全面性地檢視、醫療。驅車的路上，聯繫賴主委，她幾年來照顧老人家頗有經驗，我請教有什麼是我該特別注意的。到了急診室，賴主委人已在那裡等候，她父親住院，就在中榮。她協助我與醫師討論，安置好了我母親，然後拿出一本筆記本，教我看護的訣竅，裡面是她照護父母的翔實紀錄，每天的心跳血壓、進食以及生理變化。我也拿出我的筆記本，記著母親的病情。我們的筆記本，封面都是象徵陸委會的門神，上面印著「門打開，阮顧厝」。

補註

九二共識：定海神針轉型為金箍棒

二〇二〇年六月十九日國民黨改革委員會召開聯席大會，我並非黨務人員，但以學者身份受邀擔任兩岸組副召集人。本組召集人是林郁方博士，他在兩岸論述報告中肯定九二共識的歷史貢獻，我與四位年輕委員則聯名發言呼應，主張「超越九二共識」。但有些中常委、黨員質疑這份報告將其當成過去式，是拋棄九二共識。可惜他們為九二共識辯護的聲音，來得太遲了，遲到了四年。

過去四年，鮮少有人像我一樣，發表文章論及兩岸關係時，都為九二共識辯護，在各式媒體平臺上提到九二共識超過百次。我公開批評蔡英文總統扭曲九二共識，將其扣上一國兩制的帽子；民進黨立委說，九二共識裡沒有一中各表的空間，我批評他們屈從中共的主張，放棄臺灣的立場。

即使民進黨不承認九二共識，也無法否定在馬政府執政時，兩岸在九二共識的基礎上，才有了直航協議。當陳菊與賴清德等人赴大陸交流時，他們不是從臺灣飛到香港轉機，而是直航大陸。直航是具體存在的事實，這就是九二共識的成果，民進黨嘴巴說不要，身體卻親身享用。

九二共識有五大貢獻。首先是擱置主權爭議，務實協商。兩岸政權互不承認對方，糾葛主權爭議，數十年來無法坐下來談，但在陳水扁總統執政時，大幅開放大陸產品來臺，他也讓大陸成為臺灣最大的貿易夥伴，兩岸的經貿交流旺盛，衍生出許多問題。九二共識讓兩岸先就民生問題，包括直航，以及臺灣通緝犯躲藏大陸等議題務實協商。沒有九二共識，兩岸交流秩序會停留在陳水扁時代的一團亂。

第二，農漁民與中小企業獲益。因為務實協商，農漁民與中小企業的產品得以納入ECFA早收清單，零關稅銷往大陸，以文心蘭為例，從一年六千支成長為四十萬支。ECFA是約束兩岸經貿遊戲規則的契約，臺灣人賣東西到大陸，減低風險，多了安全。

第三，危機控管、避免戰爭。美國歐巴馬政府便公開支持兩岸的對話協商，認為兩岸間基於九二共識的制度化協商，有助於亞太區域穩定，對美國也有利。

第四，國際空間更為寬廣。例如臺灣曾年年出席世界衛生大會；蔡政府執政後，不但無法出席，今年連美國都拒絕表態支持臺灣。

第五，兩岸政府對政府協商，建立了官方與官方的聯繫機制，使得中國大陸不得不與中華民國政府直接打交道。民進黨執政後，否定九二共識，中華民國政府在兩岸互動中就消失了。今年二月六日，蘇貞昌院長針對武漢加班機大聲喊出「必須以政府對政府協商為前提」，結果武漢臺商多已返臺了，民進黨的政府對政府協商仍沒有蹤影。

但九二共識如今失去作用，也是得勇敢面對的客觀事實。中國大陸壓縮了九二共識中各講各話的空間，讓九二共識的精髓，「創造性的模糊」失去作用。

「創造性的模糊」是前美國國務卿季辛吉（Henry Kissinger）穿梭各國調停衝突時常引用的概念。一九七三年以色列與埃及爆發贖罪日戰爭，蘇聯軍援阿拉伯集團，美國支持以色列。後來美蘇協商，聯合國在十月二十二通過了停戰提議，但以色列不顧停戰提議的撤兵要求，仍包圍埃及第三軍團，戰爭沒有完全平息，劇烈衝突的可能性驟升。為了止紛，季辛吉前往中東六趟，往返雙邊協商，終於促使以色列與埃及達成了《六點協議》，這是以色列獨立戰爭後，首度與阿拉伯國家簽署的協議，從此外交協商伴隨著武力衝突，在中東舞臺上更迭演出，打打停停成為常態。

《六點協議》便是季辛吉「創造性的模糊」概念下的產物。協議的第二條寫著：「雙方同意立即開啟協商，在聯合國主持的停戰與武力脫離的架構下，解決如何回復到十月二十二日的情形。」白紙黑字的條文提供了阿拉伯國家與以色列各自解讀的空間，埃及認為《六點協議》明確要求以色列需依照聯合國的提議撤軍；以色列則認為協議的重點在於「促談」，不以撤軍為前提。

《六點協議》的「創造性模糊」，看起來沒有徹底解決紛爭，卻有效地降低衝突，在埃及和以色列都能顧及顏面的情形下，中東的衝突不至於把美蘇捲入造成世界大戰，阿拉伯國家當時稱季辛吉為外交超人。

「創造性的模糊」可貴在於其模糊之處，當一方要求對造非得把模糊講清楚，逼對方接受己方的詮釋時，模糊就破功，紛爭再起——中東此後幾次衝突，就是因為協議的各方，總有人對模糊不滿足。

一九九八年的《貝爾法斯特協議》也是創造性模糊的典範，該協議由兩份協定組成，第一份是英國與愛爾蘭共和國簽署，第二份則由北愛爾蘭各政黨達成的協定。《貝爾法斯特協議》涉及了十個簽約主體，人多嘴雜，特別是在解除北愛爾蘭共和軍武裝的部分，歧見甚深，但最後仍然能完成簽署，創造性的模糊功不可沒。《貝爾法斯特協議》被認為是解決衝突的偉大進展，世界和平的典範，但簽約後，其實踐常遇阻礙，武裝衝突仍未平息，北愛各黨派仍對立、僵持。

專門研究北愛共和軍的學者丁格利（James Dingley）指出，問題的關鍵就在於創造性的模糊，這個可以讓各方簽字的各自表述，讓簽署的各方以為獲得了他們所追尋的，但各方實際上獲得的是不一樣的東西，目標仍然歧異，共識沒有達成。英國的首席談判者鮑爾（Jonathan Powell），協商北愛問題十年，他說，創造性的模糊很快地就走向麻煩，當協議無法真正落實各方的期望時，失望便引起紛爭。

在臺海關係上，創造性的模糊早就在歷史舞臺登場，一九七二年《上海公報》，開啟了美國與中國大陸正常往來的大門，這個聯合公報中雙方並沒有迴避各自的歧見，如何在文字裡求得一致，周恩來援引了中華民國政府，也就是蔣介石政權在聯合國的語言：「只有一個中國」，即使蔣介石的本意是堅持中華民國為唯一且合法的中國，但中國大陸方面拿來解讀為臺灣是中國的一部份。這份公報其實沒有對臺海的兩個「中國」政權做出政治地位的安排，但讓大陸與美方得到各自解釋的空間。

二〇〇八年兩岸恢復制度化協商後，創造性模糊再度發揮功用，協商平臺上雙方多只講「九二共識」四個字，我方只在自家場合談「九二共識，一中各表」，對岸也只在面對他們的人民時才說「反臺獨的九二共識」，彼此留下各自詮釋的空間。但民進黨執政後，對岸在交流場合把話愈講愈硬，大力強調大陸對九二共識的單方面定義。也是國民黨自我辯護不力，赴陸交流的重量級政治人物裡，只有朱立倫在劉結一面前直言臺灣方面對九二共識的「意涵不同」，不少國民黨要員自我萎縮，認為九二共識沒有一中各表的空間了。

兩岸面臨了創造性模糊造成的窘境，中共硬要戳破九二共識各說各話的模糊面紗，非得將其定調為「反臺獨」、「共同努力謀求國家統一」，臺灣社會根本不接受。中共若不退一步，未來還是步步進逼，九二共識在現實中起不了作用，屆時國民黨只能緬懷九二的歷史功績，為九二送終。

過去四年間，九二共識從不是個討好的議題，臺灣年輕人對九二共識不了解，九二共識跟國民黨綁在一起時，就是保守、老舊、傾中的同義詞。四年間，九二共識背負了不該背負的罪名，我帶著鋼盔往前衝時，常常形單影隻，現在某些國民黨改革委員才挺身捍衛九二共識，他們遲到了。

在我起身發言主張「超越九二共識」後，連戰、吳伯雄發表聲明力挺九二共識，他們的問題在於語言太老，太八股。不像他們，我要繼續往前跑。

九二共識已經失去臺灣社會的支持和功能，兩岸需要超越九二共識，找到新的互動基礎，國民黨應該勇敢提出傳統統獨概念以外的新空間。對岸的智庫學者，對於主權國家、民族國家等概念都曾有創新的討論，主張突破既有的傳統主權概念，國民黨的黨內大老也應該與時俱進，容許下一代的年輕人，用他們自己的認識與願景，與中國大陸激盪或衝撞，便有機會形成新的共識，不要把九二共識當成不可改動的聖旨，拒絕年輕人的改革。

中國大陸官方說九二共識是定海神針，別忘了定海神針其實是西遊記裡的金箍棒，運用自如，可以穿山入海，也可以放在耳朵裡再伺機使用。超越九二共識，不是否定其歷史作用，唯有保持金箍棒的伸縮靈活，兩岸才可能掙脫主權爭議的僵局，超越十七世紀《威斯特伐利亞和約》的傳統民族國家觀念，往更有創意的方向，建構兩岸關係。

Do觀點62　PC0969

協商總在晚餐後
──賴幸媛與王毅的祕密管道

作　　者／施威全
責任編輯／尹懷君
圖文排版／蔡忠翰
封面設計／蔡瑋筠

出版策劃／獨立作家
發 行 人／宋政坤
法律顧問／毛國樑　律師
製作發行／秀威資訊科技股份有限公司
地址：114 台北市內湖區瑞光路76巷65號1樓
電話：+886-2-2796-3638　傳真：+886-2-2796-1377
服務信箱：service@showwe.com.tw
展售門市／國家書店【松江門市】
地址：104 台北市中山區松江路209號1樓
電話：+886-2-2518-0207　傳真：+886-2-2518-0778
網路訂購／秀威網路書店：https://store.showwe.tw
國家網路書店：https://www.govbooks.com.tw

出版日期／2020年07月　BOD一版　**定價**／460元
2022年02月　修訂二版

|獨立|作家|
Independent Author
寫自己的故事，唱自己的歌

協商總在晚餐後：賴幸媛與王毅的祕密管道 / 施
威全著. -- 一版. -- 臺北市：獨立作家：
秀威資訊科技, 2020.07
面；　公分. -- (Do觀點；62)
BOD版
ISBN 978-986-97800-7-0(平裝)

1.兩岸關係 2.政治協商

573.09　　　　109008309

國家圖書館出版品預行編目

讀者回函卡

感謝您購買本書，為提升服務品質，請填妥以下資料，將讀者回函卡直接寄回或傳真本公司，收到您的寶貴意見後，我們會收藏記錄及檢討，謝謝！

如您需要了解本公司最新出版書目、購書優惠或企劃活動，歡迎您上網查詢或下載相關資料：http:// www.showwe.com.tw

您購買的書名：________________

出生日期：________年________月________日

學歷：□高中（含）以下　□大專　□研究所（含）以上

職業：□製造業　□金融業　□資訊業　□軍警　□傳播業　□自由業

□服務業　□公務員　□教職　□學生　□家管　□其它_____

購書地點：□網路書店　□實體書店　□書展　□郵購　□贈閱　□其他

您從何得知本書的消息？

□網路書店　□實體書店　□網路搜尋　□電子報　□書訊　□雜誌

□傳播媒體　□親友推薦　□網站推薦　□部落格　□其他__________

您對本書的評價：（請填代號　1.非常滿意　2.滿意　3.尚可　4.再改進）

封面設計____　版面編排____　內容____　文／譯筆____　價格____

讀完書後您覺得：

□很有收穫　□有收穫　□收穫不多　□沒收穫

對我們的建議：________________

____

____

____

請貼
郵票

11466
台北市内湖區瑞光路 76 巷 65 號 1 樓
獨立作家讀者服務部 收

（請沿線對折寄回，謝謝！）

姓　　名：__________　年齡：______　性別：□女　□男

郵遞區號：□□□□□

地　　址：____________________

聯絡電話：(日) __________ (夜) __________

E-mail：____________________